让宝宝聪明伶俐
123个亲子游戏
陪宝宝"玩"出好头脑

王庆飞 著

图书在版编目（CIP）数据

让宝宝聪明伶俐 123 个亲子游戏 / 王庆飞著 . —— 北京：中国铁道
出版社 , 2017.4

（再忙也要做个好妈妈）

ISBN 978－7－113－22837－8

Ⅰ . ①让… Ⅱ . ①王… Ⅲ . ①智力游戏－学前教育－教学参考资料
Ⅳ . ① G613.7

中国版本图书馆 CIP 数据核字 (2017) 第 025839 号

书　　　名：**让宝宝聪明伶俐 123 个亲子游戏**
作　　　者：王庆飞 著

责任编辑：郭景思
版式设计：摩天文传
责任印制：赵星辰

出版发行：中国铁道出版社 (100054，北京市西城区右安门西街 8 号)
网　　址：http://www.tdpress.com
印　　刷：中国铁道出版社印刷厂
版　　次：2017 年 4 月第 1 版　2017 年 4 月第 1 次印刷
开　　本：880mm×1230mm　1/24　印张：8　字数：168 千
书　　号：ISBN 978－7－113－22837－8
定　　价：39.80 元

前言

　　宝宝从出生开始就已经具备了初步的感知能力，这也就证明了，培养宝宝的智商其实是从宝宝出生那一刻就开始了。而我们常说的"智商"，事实上包含了感知的能力、观察的能力、思考的能力和想象的能力。要合理地培养宝宝的智商，特别是在宝宝0~3岁这个黄金阶段，最重要的是让宝宝通过科学合理的"玩"来提高智商。玩游戏是孩子的天性，与其每天带着宝宝出入各种培训班、兴趣班，倒不如父母自己学会一些简单的小游戏，在家里就能与宝宝进行互动，而且各种针对儿童的科学研究表明，让孩子在游戏中进行脑力锻炼是最为有效的。

　　宝宝的智商更多地是靠后天的培养，父母在日常生活中的一举一动、一言一行都能对宝宝的思维产生影响，与提高宝宝的智商息息相关。我们深知爱玩是宝宝的天性，本书坚持以好玩、有趣、实用、科学的游戏设计为宗旨，以图文并茂的形式，向读者展现了上百种让宝宝聪明伶俐的小游戏，不需复杂的道具，无论在家中或外出，爸妈随时都能陪宝宝玩耍，让宝宝越玩越聪明，让宝宝从0岁开始就在培养提高智商的道路上先人一步。

　　本书特邀专业幼教、妇幼以及儿童心理专家倾力打造，专家认为开发人类的潜能最重要的阶段就是0~3岁的婴幼儿时期，而且开发婴幼儿智能的时间越早越好。本书将游戏根据宝宝年龄阶段进行难易程度的设置，分别是0~6个月、6个月~1岁、1~2岁和2~3岁，具有针对性地为不同年龄阶段的宝宝的身体、思维、心理等特点设置不同的小游戏，孩子年龄越小，环境对他的作用就越大，智力水平可改变的余地就越大。儿童没有一个固定的智力发展水平，早期激励能够提高智力水平，用科学的方法更有利于孩子早期的智力开发。

目录

Chapter 1
0~6 个月小游戏

Chapter 2
6 个月 ~1 岁小游戏

Chapter 3
1~2 岁小游戏

Chapter 4
2~3 岁小游戏

Chapter 1

0~6 个月小游戏

宝宝在初生的几个月里开始学习适应外部环境，正在逐步调节用餐时间、睡眠周期等。在这一阶段，最重要的是让他们感到舒适、安全与受到保护，通过一些刺激宝宝视力和触觉的游戏，慢慢开发宝宝智力，为宝宝日渐成熟的学习能力打下基础。但做游戏时要注意，3 个月以下的宝宝还不宜长时间保持抬头的姿势，6 个月以下的宝宝不宜久坐，父母要注意把握与宝宝的游戏时间和强度。

001 妈妈的爱

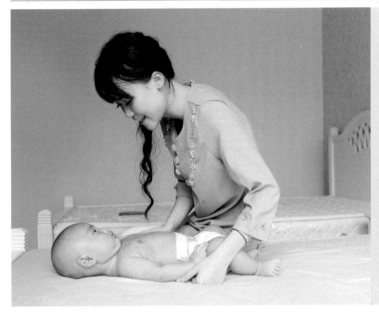

适宜年龄： 0~3 个月。

游戏目的： 让宝宝感受到爱，从小养成信任别人的习惯。

游戏场所： 光线充足的安静室内。

游戏时间： 每次 5 分钟，可重复 2~3 次。

▽ 游戏步骤

step 1
让宝宝平躺着，妈妈面对着宝宝微笑，跟宝宝轻轻说话。

step 2
妈妈用双手慢慢抱起宝宝，并发出笑声，逗宝宝开心。

step 3
妈妈把宝宝抱在怀里，轻轻摇一摇，给宝宝唱儿歌。

▽ 温馨提示

最好选择在宝宝换尿布、吃奶或洗澡后进行。

▽ 还可以这样玩

在抱宝宝的过程中，家长可以增加抚摸宝宝身体的动作，这样能使宝宝感受到亲人的关怀。

002 可爱的小兔子

适宜年龄： 3~6 个月。
游戏目的： 培养宝宝的想象力，增进亲子感情。
游戏场所： 柔和、温暖、安静的房间里。
游戏道具： 小兔毛绒玩具。
游戏时间： 每次 5 分钟，可重复 3~5 次。

游戏步骤

step 1

妈妈在宝宝背后抱着宝宝，举起宝宝的手，对宝宝说："这是宝宝胖嘟嘟的手。"

step 2

妈妈拿出小兔毛绒玩具，在宝宝眼前晃动，对宝宝说："宝宝，小兔真可爱，宝宝快来摸摸可爱的小白兔。"

温馨提示

如果宝宝不喜欢小兔毛绒玩具，可以换成宝宝喜欢的动物玩具。

step 3

让宝宝伸出双手，抱住小兔毛绒玩具。

还可以这样玩

可以拿出两个小兔毛绒玩具，让宝宝将它们的手放在一起，脚放在一起。

003 感知音乐的节奏

适宜年龄： 3~6 个月。

游戏目的： 让宝宝感知音乐的节奏，培养宝宝对音乐的兴趣。

游戏场所： 光线充足、环境整洁的安静室内。

游戏道具： 一套音响设备。

游戏时间： 每次 3 分钟。

游戏评分

游戏完成度

★ ★ ★ ★ ★

宝宝活跃度

★ ★ ★ ★ ★

家长满意度

★ ★ ★ ★ ★

家长笔记

温馨提示

家长应该选择一些轻松愉快的音乐，如《让我们荡起双桨》《蜗牛与黄鹂鸟》等经典儿童歌曲，尽量不要用现代流行音乐，以免误导宝宝。

还可以这样玩

可以让宝宝手里拿着拨浪鼓或铃铛等玩具，在妈妈摇摆宝宝时，宝宝手里的玩具会发出对应节奏的响声。

游戏步骤

step 1

妈妈抱着宝宝，把宝宝放在膝盖上，让宝宝面对着自己。妈妈用夸张的嘴形伴着音响设备播放的歌曲轻轻哼唱。

step 2

妈妈根据音乐节奏轻轻地左右、上下摆动膝盖，让宝宝的身体能感受到音乐的节奏。

step 3

妈妈握住宝宝的手，根据音乐节奏像指挥家一样挥动。

004 爱的触摸

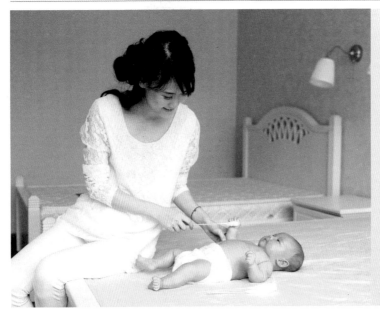

适宜年龄： 0~3 个月。

游戏目的： 发展宝宝的触觉，增进宝宝和父母之间爱的交流。

游戏场所： 光线充足、柔和的安静室内，柔软的卧床上。

游戏道具： 几根棉签。

游戏时间： 每次 4 分钟。

游戏步骤

step 1
妈妈先准备几根棉签，将这些东西放在宝宝眼前，然后妈妈跟宝宝说话。

step 2
在宝宝感到愉悦的时候，妈妈用棉签轻轻拭擦宝宝的小手，让宝宝接受这种触感。

step 3
妈妈用棉签轻轻拭擦宝宝的脚丫子，妈妈一边做一边低声问宝宝："宝宝痒不痒啊？"

温馨提示

大人无论说的是什么，语气都要尽量温柔，这样才能让宝宝感受到你的关怀。

还可以这样玩

用海绵球或丝巾等物品触碰宝宝的脚底板或脸庞，宝宝也会感到很高兴。

005 宝宝找糖果

适宜年龄： 3~6 个月。

游戏目的： 培养宝宝的好奇心和求知欲，让宝宝的手得到锻炼。

游戏场所： 宽敞、明亮、整洁的室内。

游戏道具： 大毛巾，糖果。

游戏时间： 每次 4 分钟，可重复 2~3 次。

游戏步骤

step 1

妈妈和宝宝席地而坐，妈妈左手拿着一条毛巾，右手拿一块糖果。

step 2

妈妈在宝宝面前将糖果塞到毛巾里，然后妈妈问宝宝："糖果在哪里？"

step 3

妈妈鼓励宝宝打开毛巾，将糖果找出来。当宝宝打开毛巾后，妈妈要用惊喜的声调说出糖果的名称，让宝宝知道自己找到糖果了。

温馨提示

当宝宝顺利把东西找出来后，妈妈要给予宝宝适当的鼓励。这个年龄段的宝宝不宜久坐，妈妈要把握时间，适当地让宝宝躺下来休息。

还可以这样玩

也可以用玩具或宝宝喜欢的东西代替糖果。

006 宝宝和妈妈跳支舞

适宜年龄： 0~3 个月。

游戏目的： 刺激宝宝的听觉，开发宝宝的右脑。

游戏场所： 宽敞、明亮、整洁的室内。

游戏道具： 一套音响设备。

游戏时间： 每次 4 分钟。

游戏评分

游戏完成度
★ ★ ★ ★ ★

宝宝活跃度
★ ★ ★ ★ ★

家长满意度
★ ★ ★ ★ ★

家长笔记

▼ 温馨提示

家长摇晃宝宝身体时的动作不要太大，动作太大会让宝宝感到不适，甚至会有损宝宝的身体发育。

▼ 还可以这样玩

妈妈也可以将宝宝放在摇篮里做这个游戏。

游戏步骤

step 1

妈妈在室内播放一段简单、轻松的音乐。妈妈抱着宝宝，看着宝宝的眼睛说："我可以跟你跳个舞吗？"

step 2

妈妈一只手托着宝宝的头部，一只手抱着宝宝的臀部，在宝宝耳边哼着歌，然后随着音乐向前、向后轻轻舞动。

step 3

音乐结束后，妈妈亲亲宝宝的小手，向宝宝表示感谢。

007 小帽子不见了

适宜年龄： 0~3 个月。

游戏目的： 帮助宝宝区分颜色，锻炼宝宝的认知能力。

游戏场所： 光线充足、柔和的安静室内，柔软的床上。

游戏道具： 红色帽子，蓝色帽子。

游戏时间： 每次 2 分钟，可重复 2~3 次。

▼ 游戏步骤

step 1
妈妈将一顶红色、一顶蓝色帽子分别套在两只手上。妈妈给宝宝唱儿歌"小红帽、小蓝帽，一眨眼不见了"，唱到"小红帽"时，将套红帽子的手稍稍举高，并在宝宝面前晃动两下。

step 2
妈妈唱到"小蓝帽"时，将套蓝帽子的手稍稍举高，并在宝宝面前晃动两下。

step 3
当唱到"不见了"，速度稍快地将两只手收到背后。

▼ 温馨提示

帽子的颜色要纯正鲜艳，如果宝宝对游戏的兴趣下降了，可以换其他颜色对比强烈的物体再玩。

▼ 还可以这样玩

妈妈可以将帽子突然套到宝宝的手上，让宝宝举起小手看到原来帽子已经在自己手上了。

008 颜色砰砰砰

适宜年龄： 3~6 个月。
游戏目的： 增强宝宝的视力跟踪能力，培养宝宝将图像和声音联系在一起的能力。
游戏场所： 阳光柔和、安静的阳台或户外。
游戏道具： 空的塑料瓶，一些不同颜色的小球。
游戏时间： 每次 5 分钟。

游戏步骤

step 1

妈妈先将空的塑料瓶子和小球放在宝宝面前，然后手把手地引导宝宝将小球放进瓶子里，妈妈盖上瓶盖。

step 2

妈妈拿起瓶子，在宝宝面前轻轻晃动，吸引宝宝注意到瓶子里小球的运动。

step 3

妈妈把瓶子给宝宝，引导宝宝自己学着刚才妈妈的动作，轻轻摇动，使得瓶子里的小球晃荡，产生颜色交替。

温馨提示

训练宝宝的视力跟踪能力，对培养宝宝的阅读能力和关注力有很大帮助。

还可以这样玩

家长可以在瓶子里放入小半瓶水，让宝宝体验小球不同的运动形态。

009 投篮小高手

适宜年龄：3~6 个月。

游戏目的：训练宝宝的视觉搜寻能力和动手能力。

游戏场所：光线充足、柔和的安静室内。

游戏道具：一个木盒子，几个玩具。

游戏时间：每次 3 分钟。

游戏评分

游戏完成度

★★★★★

宝宝活跃度

★★★★★

家长满意度

★★★★★

家长笔记

温馨提示

如果玩具掉到地上了，妈妈可以帮助宝宝拿起来让宝宝再扔。如果宝宝几次都没成功，妈妈要鼓励宝宝，让宝宝坚持下去。

还可以这样玩

可以邀请家里的其他成员或小朋友跟宝宝玩这个游戏，比比看谁更快。

▼ 游戏步骤

step 1

妈妈将木盒子放在地上，旁边堆放着几个小玩具，妈妈抱着宝宝坐在木盒子前面。

step 2

妈妈先示范，拿起一个小玩具放进木盒子里，让宝宝知道该怎么做这个游戏。

step 3

把小玩具放到宝宝身边，让宝宝拿起玩具放进木盒子里。游戏直到所有玩具都被放到木盒子里才结束。

010 宝宝爱照镜子

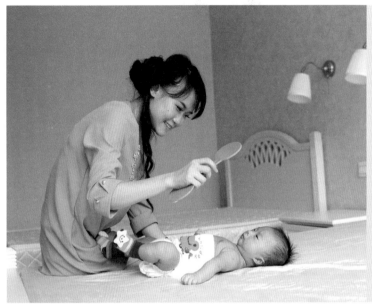

适宜年龄： 0~3 个月。

游戏目的： 满足宝宝的好奇心，帮助宝宝认识自我。

游戏场所： 光线充足、柔和的安静室内，柔软的卧床上。

游戏道具： 镜子。

游戏时间： 每次 3 分钟。

游戏步骤

step 1
妈妈取一面小镜子放在宝宝的视线范围之内，略微向下，保证宝宝能看到自己的脸。

step 2
妈妈引导宝宝看镜子，托着宝宝的手或其他部位让宝宝看镜子，并指出镜子里面有宝宝的手。

step 3
妈妈在旁边鼓励宝宝在镜子前做各种各样的表情，让宝宝看到镜子里面自己的变化。

温馨提示

镜框应由不易碎的材料制成，同时要注意不要选择哈哈镜，宝宝在镜中的影像不能扭曲过度。

还可以这样玩

可以在镜子上面贴一些花花草草和小动物，让宝宝看到自己在镜子中的样子丰富多彩。

011 找小鸭子

适宜年龄： 3~6 个月。

游戏目的： 培养宝宝由部分推断整体的思维能力。

游戏场所： 安静舒适的室内，柔软的沙发上。

游戏道具： 黄色橡皮小鸭子。

游戏时间： 每次 5 分钟，可重复 3~5 次。

▽ 游戏步骤

step 1

宝宝坐在沙发上和妈妈一起玩小鸭子玩具，妈妈趁宝宝不注意时，偷偷把小鸭子玩具藏在被子或枕头底下。

step 2

等宝宝回过头时，妈妈问宝宝："小鸭子去哪里了？"妈妈这时可以故意掀开一些东西翻找。

step 3

妈妈趁宝宝在找的时候，故意露出小鸭子的脚，然后指着小鸭子的脚问宝宝："这是什么？"引导宝宝把小鸭子找出来。宝宝找出小鸭子后，妈妈要夸赞宝宝。

▽ 温馨提示

这个年龄段的宝宝不宜久坐，妈妈要把握时间，适当地让宝宝躺下来休息。

▽ 还可以这样玩

妈妈可以在沙发或其他家具上放一些其他动物迷惑宝宝，增加游戏的难度。

012 追追小兔子

适宜年龄： 0~3 个月。

游戏目的： 锻炼宝宝眼球的运动能力，提升宝宝智商。

游戏场所： 光线充足、柔和的安静室内，柔软的卧床上。

游戏道具： 玩具兔子。

游戏时间： 每次 5 分钟，可重复 3~5 次。

游戏评分

游戏完成度
★ ★ ★ ★ ★

宝宝活跃度
★ ★ ★ ★ ★

家长满意度
★ ★ ★ ★ ★

家长笔记

▽ 温馨提示

一定要将玩具兔子放在距离宝宝 30 厘米的范围内，因为这时候宝宝的视线范围还不是很广。

▽ 还可以这样玩

可以在兔子玩具上系上一个小铃铛，或系上一条颜色鲜艳的丝巾，用声音和颜色吸引宝宝的视线。

游戏步骤

step 1

妈妈将玩具兔子放在宝宝眼睛的正上方，举到宝宝的视线范围之内（距宝宝 30 厘米左右）。

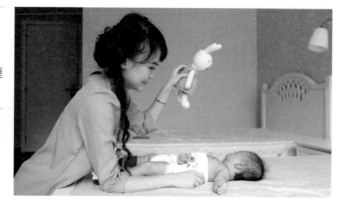

step 2

妈妈把玩具兔子先晃动一下，然后往左慢慢移动，再往右慢慢移动，让宝宝的目光追随兔子移动。

step 3

妈妈可以发出些声音辅助宝宝，宝宝成功完成游戏后，妈妈用脸碰碰宝宝，夸宝宝真乖。

013 小皮球滚一滚

适宜年龄： 3~6 个月。

游戏目的： 锻炼宝宝的视觉，培养宝宝的注意力。

游戏场所： 光线充足、柔和的安静室内。

游戏道具： 彩色小皮球。

游戏时间： 每次 5 分钟，可重复 3~4 次。

游戏步骤

step 1
让宝宝趴在地板上，妈妈拿出一个彩色小皮球，在宝宝眼前滚动小皮球，使宝宝的视线跟着球移动。

step 2
妈妈慢慢把球滚到宝宝的旁边，让宝宝的手触摸小皮球。

step 3
妈妈扶着宝宝的手，轻轻推动小皮球，并指着滚动的小皮球对宝宝说："宝宝把球推出去了，真棒！"

温馨提示

宝宝对彩色的皮球会很感兴趣，家长滚动球的时候，速度不要太快。当宝宝在家长的协助下推动小皮球，家长的鼓励会让宝宝感到很自信。

还可以这样玩

妈妈可以在宝宝前面摆放一些小皮球，当宝宝推动一个小皮球的时候，该皮球可以撞动其他小皮球。

014 摇铃叮当响

适宜年龄: 3~6个月。

游戏目的: 让宝宝认识到自己对外界事物产生的影响。

游戏场所: 光线充足,让宝宝感到舒服的客厅里。

游戏道具: 摇铃玩具。

游戏时间: 每次4分钟。

游戏步骤

step 1

妈妈在宝宝眼前拿出摇铃,轻轻摇动一下摇铃,让宝宝注意到发声体。

step 2

妈妈拿起宝宝的小手,帮助他握住摇铃,一边引导宝宝摇晃摇铃一边唱儿歌:"小摇铃,叮当响。"

step 3

停顿一下,让宝宝拿着摇铃,自己摇动摇铃,妈妈在旁边说:"宝宝自己会摇铃哦。"

温馨提示

摇动摇铃的幅度不要太大,因为宝宝的耳鼓膜还是非常脆弱的。另外,摇铃要放在宝宝视线的前方摇晃。这个年龄段的宝宝还不宜久坐,妈妈要适当地让宝宝躺下来休息。

还可以这样玩

妈妈自己也可以拿着摇铃对着宝宝摇,这样可以让宝宝有个模仿的对象。

015 小手在哪里

适宜年龄： 0~3个月。

游戏目的： 帮助宝宝认识自己的身体部位，提高自我认识。

游戏场所： 光线充足、柔和的安静室内，柔软的卧床上。

游戏道具： 浅色的布。

游戏时间： 每次2分钟，可重复3~5次。

游戏评分

游戏完成度
★★★★★

宝宝活跃度
★★★★★

家长满意度
★★★★★

家长笔记

温馨提示

一定要选择浅色的布，不然宝宝的注意力会被颜色鲜艳的布吸引，不再关注"小手不见了"。

还可以这样玩

也可以将布盖在宝宝的小脚上。

游戏步骤

step 1

妈妈将宝宝的双手举到宝宝眼前，告诉宝宝："这是宝宝的小手。"

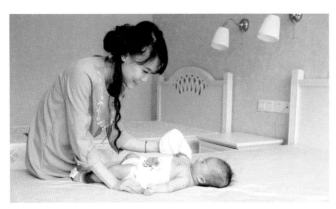

step 2

妈妈拿出一块淡色的布，用布盖住宝宝的手，问宝宝："宝宝的手呢？小手不见了。"

step 3

当宝宝感到诧异时，妈妈把布拿开，让宝宝看到自己的手。

016 妈妈在哪里

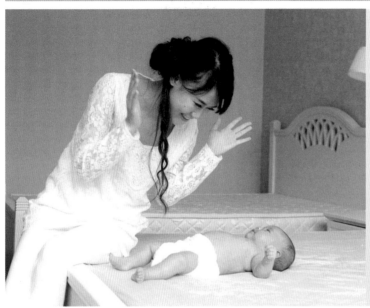

适宜年龄： 0~3 个月。

游戏目的： 激发宝宝愉快的情绪体验，增进宝宝与家人之间的情感。

游戏场所： 光线充足、柔软暖和的床上。

游戏时间： 每次 2 分钟，可重复 2~3 次。

游戏步骤

step 1

妈妈与宝宝面对面，妈妈轻声呼唤宝宝的名字，吸引宝宝的注意力。

step 2

妈妈突然用双手捂住自己的脸，对宝宝说："妈妈在哪里？"

step 3

妈妈把双手拿开，对宝宝说："哇！妈妈在这里！"

温馨提示

2 个月大的宝宝对一些动作所表达的含义的理解能力还比较弱，因此妈妈只需做些简单的动作，更重要的是要融入妈妈对宝宝的爱。

还可以这样玩

妈妈可以用毛巾或书本遮住自己的脸，然后再慢慢露出自己的脸。

017 神奇的不倒翁

适宜年龄： 3~6 个月。
游戏目的： 锻炼宝宝视力，开发宝宝的社交智力。
游戏场所： 光线充足、氛围欢快的室外或室内。
游戏道具： 玩具不倒翁。
游戏时间： 每次 3 分钟。

▼ 游戏步骤

step 1

妈妈盘腿坐好，让宝宝坐在妈妈的腿上，宝宝背靠在妈妈怀里。

step 2

在离宝宝 30 厘米远的地方放一个玩具不倒翁，妈妈拨动不倒翁，使它摇晃起来，并引导宝宝注意不倒翁的晃动。

▼ 温馨提示

这个年龄段的宝宝还不宜久坐，妈妈要适当地让宝宝躺下来休息。

step 3

让宝宝自己伸手去推不倒翁，宝宝推不动时，妈妈可以协助宝宝拨动不倒翁，让宝宝感受到自己能动手使不倒翁晃动。

▼ 还可以这样玩

如果宝宝对不倒翁游戏很感兴趣，妈妈可以给宝宝讲一个关于不倒翁的小故事，增加游戏的趣味性。

018 小球来啦

适宜年龄： 3~6 个月。

游戏目的： 促进宝宝的视觉发展。

游戏场所： 光线充足、柔和的安静室内。

游戏道具： 一些乒乓球（白色和黄色），塑料盒子。

游戏时间： 每次 3 分钟。

游戏评分

游戏完成度
★ ★ ★ ★ ★

宝宝活跃度
★ ★ ★ ★ ★

家长满意度
★ ★ ★ ★ ★

家长笔记

温馨提示

注意不要让球砸到宝宝。

还可以这样玩

妈妈可以让宝宝伸出手来，等球倒下来时滚过宝宝手心，这样感受小球倒落的速度变化更明显。

step 1

妈妈坐在宝宝旁边，然后拿出装有乒乓球的塑料盒子。

step 2

妈妈轻轻摇动盒子，使得盒子里的乒乓球发出声音，吸引宝宝观察盒子里的乒乓球。

step 3

然后妈妈将乒乓球从上至下一个个倒出来，倒的速度快慢交替。

019 音乐传递爱

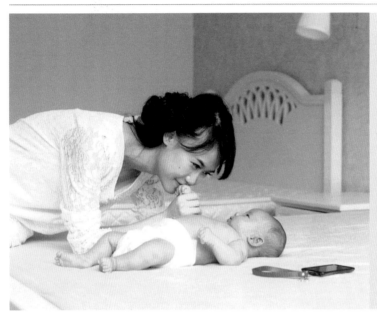

适宜年龄： 0~3个月。

游戏目的： 增进亲子感情，让宝宝每次醒来都能处于快乐之中。

游戏场所： 柔和、温暖、安静的房间里。

游戏道具： 手机或音响设备。

游戏时间： 每次 5 分钟。

▼ 游戏步骤

step 1
妈妈拿出手机，播放一些宝宝喜欢听的儿歌。

step 2
伴随着音乐，妈妈可以轻声为宝宝朗读一些简短的儿歌，并轻轻握住宝宝的手，伴随着音乐节奏轻轻摇摆。

step 3
最后妈妈握起宝宝的小手，亲亲宝宝的小手，让宝宝感受到妈妈对他的爱。

▼ 温馨提示

播放的音量不要太大，音乐也尽量选择柔和轻快的。

▼ 还可以这样玩

除了儿歌以外，还可以选择一些世界名曲播放给宝宝听。

020 运球好手

适宜年龄： 3~6 个月。
游戏目的： 通过互动游戏和对手部的锻炼，增加宝宝手脑灵活性，达到运动益智的目的。
游戏场所： 宽敞、明亮、整洁的室内。
游戏道具： 小皮球。
游戏时间： 每次 3 分钟，可重复 3~5 次。

游戏步骤

step 1

先让宝宝坐在妈妈怀里，然后妈妈拿出一个小皮球。

step 2

妈妈带领宝宝用双手使劲滚动小皮球。

step 3

当宝宝熟悉这个动作后，妈妈和宝宝面对面坐好，然后妈妈轻轻地将小皮球向宝宝滚去。宝宝拿到球后，妈妈鼓励宝宝将球滚回来。

温馨提示

小皮球用来做这个游戏非常合适，因为宝宝太小，所以妈妈滚动小球的时候要注意力道，不要撞伤宝宝。

还可以这样玩

家庭成员可以加入到游戏中，大家围成一个圈，然后互相将球推给对方。

021 宝宝摸摸妈妈

适宜年龄： 0~3 个月。

游戏目的： 让宝宝感受触摸的感觉，开发宝宝的智力。

游戏场所： 暖和、安静的房间里。

游戏时间： 每次 3 分钟。

游戏评分

游戏完成度

★★★★★

宝宝活跃度

★★★★★

家长满意度

★★★★★

家长笔记

温馨提示

家长让宝宝抚摸你的脸部时，记得告诉宝宝五官的名称。

还可以这样玩

爸爸可以参与到游戏中，让宝宝通过触摸感受爸爸和妈妈的不同。

游戏步骤

step 1

妈妈把宝宝抱在怀里，把宝宝的手放在妈妈的头发上，让宝宝摸摸妈妈的头发。

step 2

把宝宝的手放在妈妈的脸上，让宝宝的手摸到妈妈的鼻子、嘴巴和眼睛。

step 3

妈妈轻轻抚摸宝宝的手，轻轻拍宝宝的胳膊，同宝宝低声细语或唱儿歌。

022 宝宝坐墙头

适宜年龄： 3~6 个月。

游戏目的： 让宝宝感知上升和下降。

游戏场所： 阳光柔和、安静的室内或户外。

游戏时间： 每次 3 分钟。

游戏步骤

step 1
妈妈坐到地板上，将宝宝放在妈妈曲起的膝盖上。

step 2
妈妈唱儿歌："小宝宝坐在墙头，小宝宝掉下墙头。"当唱到"小宝宝坐在墙头"时，抬起脚尖，让宝宝有种被弹起的感觉。

step 3
当唱到"小宝宝掉下墙头"时，妈妈将腿慢慢放下，让宝宝感觉"下降"。

温馨提示

游戏中要注意安全，家长的动作尽量缓慢，因为这时的宝宝还不能适应剧烈的运动。

还可以这样玩

爸爸力气比较大，可以将宝宝高高举起，然后轻轻抱回怀里，让宝宝感知上升和下降。

023 大力士找饼干

适宜年龄： 3~6 个月。
游戏目的： 训练宝宝的观察力，同时让宝宝体会努力之后得到食物的快乐。
游戏场所： 光线充足的安静室内或室外都可以。
游戏道具： 一些小饼干。
游戏时间： 每次 3 分钟。

游戏步骤

step 1

宝宝坐在妈妈怀中，妈妈张开手掌，让宝宝看到手中的小饼干。

step 2

当宝宝注意到小饼干后，妈妈再把手轻轻握起来，手心向上伸到宝宝面前，让宝宝来拿小饼干。

温馨提示

小饼干主要是为了引起宝宝的兴趣，如果宝宝对小饼干没有兴趣，可以换成其他宝宝感兴趣的东西。这个年龄段的宝宝还不宜久坐，妈妈要适时让宝宝躺下来休息。

step 3

妈妈鼓励和引导宝宝去抠和掰开妈妈的手指，拿出妈妈手中的小饼干。

还可以这样玩

家长可以伸出两个手掌，将小饼干放入其中一个手掌里，然后握紧拳头，再摆动手臂，最后让宝宝找出小饼干在哪个手掌里。

024 宝宝踢气球

适宜年龄： 3~6 个月。

游戏目的： 增强宝宝的腿部力量和灵活性。

游戏场所： 柔软的毯子上。

游戏道具： 一些颜色鲜艳的气球。

游戏时间： 每次 5 分钟。

游戏评分

游戏完成度
★★★★★

宝宝活跃度
★★★★★

家长满意度
★★★★★

家长笔记

温馨提示

气球不要充气太足，以免爆响吓到宝宝，多给宝宝一些鼓励，宝宝会更喜欢这个游戏。

还可以这样玩

可以将气球摆成一排，当宝宝踢动一个的时候，会推动其他气球。

游戏步骤

step 1

妈妈把气球吊在宝宝的床上，高度是宝宝躺着时脚抬起来就能碰到的高度。

step 2

妈妈让宝宝平躺，然后握着宝宝的脚踢动气球。当气球动起来时，妈妈可以说："宝宝看，漂亮的气球飞起来了，宝宝真能干。"

step 3

妈妈放手让宝宝自己去踢动气球。当宝宝踢动气球时，妈妈伸出大拇指夸奖宝宝。

025 爱笑的宝宝

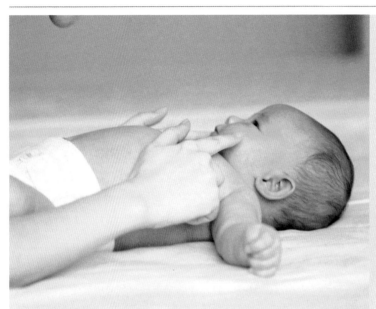

适宜年龄： 0~3 个月。

游戏目的： 鼓励宝宝笑口常开，培养宝宝良好的情绪。

游戏场所： 温暖柔软的卧床上。

游戏时间： 每次 2 分钟，可重复 3~5 次。

▶ 游戏步骤

step 1
妈妈把宝宝抱起来，前后轻轻摇摆。

step 2
妈妈将宝宝放在床上，用食指轻轻地抚摸宝宝嘴角边的皮肤，然后说："一、二、三！宝宝笑一笑。"

step 3
当宝宝对妈妈微笑时，妈妈要面带微笑，伸出大拇指，夸奖宝宝真棒！

▶ 温馨提示

此时宝宝的嘴唇还很敏感，大人抚摸时要尽量温柔。

▶ 还可以这样玩

妈妈可以在宝宝发出笑声后，自己也笑起来，让宝宝感受到自己的笑声有感染力。

026 宝宝抓秋千

适宜年龄： 3~6 个月。

游戏目的： 刺激宝宝的听觉和视觉系统，锻炼宝宝的手眼协调能力。

游戏场所： 光线充足、柔和的安静室内。

游戏道具： 毛绒玩具，丝带。

游戏时间： 每次 2 分钟，可重复 3~5 次。

游戏步骤

step 1

妈妈先把丝带系在一个毛绒玩具上，选择颜色鲜艳的玩具更容易吸引宝宝的注意力。

step 2

妈妈拿住丝带的一端，在宝宝面前缓缓地上下左右移动毛绒玩具，吸引宝宝用眼神去追逐。

step 3

妈妈慢慢地将毛绒玩具往宝宝的小手旁靠近并摇晃，鼓励宝宝伸手抓住玩具。

温馨提示

游戏中的玩具可以选择会发声的毛绒玩具，在宝宝玩耍时发出声音，效果更好。

还可以这样玩

可以在毛绒玩具上先盖上些布，当宝宝揭开布后，看到玩具会感到惊喜。

027 宝宝爱听铃铛响

适宜年龄： 0~3 个月。

游戏目的： 训练宝宝的听力，开发宝宝的右脑。

游戏场所： 光线充足、柔和且安静的室内。

游戏道具： 丝巾，玩具铃铛。

游戏时间： 每次 3 分钟，可重复 2~3 次。

游戏评分

游戏完成度
★★★★★

宝宝活跃度
★★★★★

家长满意度
★★★★★

家长笔记

温馨提示

游戏时，大人一定要在场。大人离开时要把宝宝手上的丝巾取下来，并放到较远的地方。

还可以这样玩

妈妈自己也可以在手臂上绑一个玩具铃铛，让宝宝跟着你的节奏摇动手臂。

▼ 游戏步骤

step 1

将丝巾一端套在宝宝的小手腕上，另一端系在能响的玩具铃铛上。

step 2

妈妈轻轻摇晃宝宝的手臂，让铃铛发出声音。

step 3

妈妈松开宝宝的手臂，在旁边摇晃手臂，引导宝宝自己摇晃手臂，让玩具发出声音。

028 亲密谈话

适宜年龄： 0~3 个月。

游戏目的： 促进宝宝早期社交潜能的发展。

游戏场所： 房间里柔软的床上。

游戏时间： 每次 2 分钟。

游戏评分

游戏完成度
★★★★★

宝宝活跃度
★★★★★

家长满意度
★★★★★

家长笔记

_____

_____

_____

_____

_____

▼ 温馨提示

妈妈要确保说话和唱歌的声音不要太大，避免吓到宝宝。

▼ 还可以这样玩

妈妈还可以摸摸宝宝的小手、小脚，亲亲宝宝的脸蛋、额头。

游戏步骤

step 1

当宝宝醒来时，妈妈与宝宝面对面相视，大约保持 30 厘米的距离。

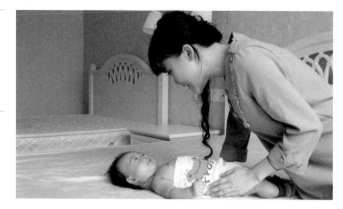

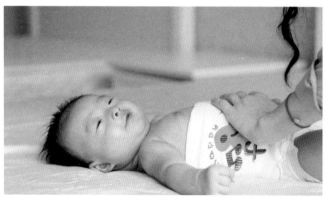

step 2

妈妈用温柔、关爱的目光看着宝宝，用手轻轻抚摸宝宝的腹部，并轻轻呼唤宝宝的名字。

step 3

妈妈慢慢将脸贴在宝宝的肚子上，同时轻轻地跟宝宝说话、唱儿歌，每次说完话都亲亲宝宝的小肚子。

029 宝宝和你握握手

适宜年龄： 0~3 个月。

游戏目的： 练习抓握，让宝宝学会与他人交流。

游戏场所： 光线充足、柔和，安静的室内。

游戏时间： 每次 2 分钟，可重复 3~5 次。

游戏评分

游戏完成度

★★★★★

宝宝活跃度

★★★★★

家长满意度

★★★★★

家长笔记

温馨提示

妈妈要注意不能太大力地摇动宝宝的手，只要轻轻摇晃，宝宝感到高兴就可以了。做这个游戏时，妈妈要双眼看着宝宝，让宝宝感受与他人的眼神交流。

还可以这样玩

如果家里来了客人，也可以让客人跟宝宝做这个游戏，让宝宝锻炼与陌生人交流的能力。

游戏步骤

step 1

宝宝精神状态好的时候，妈妈微笑地和宝宝面对面。

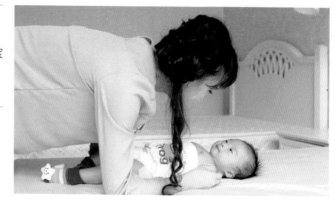

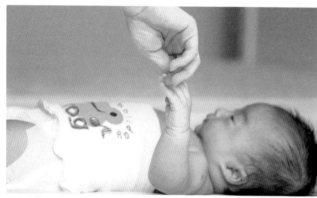

step 2

妈妈把食指放在宝宝手心让他握住，同时说："拉拉手，你好。"

step 3

宝宝握住妈妈的手指后，妈妈可以上下左右摇动手，让宝宝感到握手的开心。

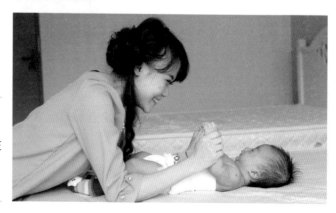

专题课堂 宝宝的全面发展计划

对宝宝而言，妈妈们制定一份优秀的早教计划对宝宝的成长至关重要，要让宝宝全面发展，就必须从运动、语言、社会适应能力、数理能力、音乐盒美术这六方面入手。

时期　内容	主要发展	辅助发展
1 岁以内	以感知和动作训练为主 **1. 语言听觉刺激**——与宝宝对话，给他唱歌或是播放不同的音乐，培养他的语言音律感。 **2. 动作神经刺激**——常常变换宝宝的姿势并且鼓励带动宝宝做一些简单的肢体动作。 **3. 视觉变换刺激**——在家中布置和变换贴画、文字图片，常常带他去认识和熟悉。 **4. 环境适应**——用推车、摇篮等不同方式带宝宝去接触不同的社会环境，接触人群，让宝宝开始适应外界环境。	1. 开始试着教宝宝一些简单的词汇。 2. 带宝宝认识不同材质和形状的物品。 3. 让宝宝学习走路。
1~2 岁	处于好奇和模仿的阶段，要以正确的言行来指引 **1. 语言学习**——开始简单的词汇学习、记忆和使用。这其中包括礼貌用语的学习，这一点十分重要。 **2. 独立空间**——让宝宝在家里有一个自己独立游戏空间，并且不随意挪动他的玩具，但是可试着和他一同收拾整理玩具。 **3. 室外运动**——常常带宝宝去安全的户外游戏场接触大自然，锻炼他提个的同时让宝宝适应环境。 **4. 家庭教育**——家人在家庭生活中要注意言行，让宝宝开始注意保持整洁、文明。 **5. 图书教育**——开始带宝宝翻看画册，给他讲故事并告诉他良好的为人品行。	1. 让宝宝从完全依赖妈妈中慢慢脱离出来。 2. 开始早起的独处、与人沟通和奖惩教育。 3. 让宝宝进行简单的运动。

内容 时期	主要发展	辅助发展
2~3 岁	已经有着自己的喜好和习惯，要以尊重和鼓励为主 **1. 语言学习**——加深词汇学习的难度，并且通过不同方式测试和帮助他记忆。 **2. 脑力锻炼**——为孩子购买拼图、插板等可以进行脑补训练的玩具，或者通过其他的方式一同锻炼他的心智和耐心。 **3. 独立能力**——可以开始让孩子独立整理自己的物品，放置在他习惯放置的地方。以独立吃饭等方式锻炼他的独立能力。 **4. 礼仪姿态**——在各种场合告诉孩子他的自由范围和他应该表现的礼貌，让孩子开始有尊重他人的意识。 **5. 情绪控制**——对孩子激烈的情绪和严重错误的行为给予适当的警告或是惩戒，让孩子学习调整暴躁情绪，不过多宠溺。	1. 让孩子建立和培养自己积极正确的喜好，家人不加以强制或制止。 2. 开始让孩子学习和别人相处。
3 岁以后	开始有自己强烈的记忆和独立意识，要以帮助他们为主 **1. 独立学习能力**——让孩子独立看书，不明白的地方可以询问家人。常常带他去图书馆或是书店，让他开始有独立学习的意识和能力。 **2. 学习良好行为**——引导孩子学习他人的行为，并且学会尊重他人以及他人的物品。 **3. 事物认识**——让孩子认识生活环境、自然界的一些常见事物和物品，同事培养安全意识。 4. **为人处事**——让孩子单独与其他小朋友一起玩耍，遇到简单问题试着让他自己思考并且处理和解决。 **5. 体能锻炼**——开始带孩子进行跑步、登山等运动，让他有运动意识，同事强壮体格。	1. 让孩子独自处理简单的生活小问题。 2. 让孩子尽可能地脱离对家人的完全依赖。 3. 开始培养孩子的兴趣爱好，在尊重他喜好的前提下鼓励他进一步学习。

Chapter 2

6个月~1岁小游戏

　　6个月~1岁的宝宝在这个阶段的时候，大脑已经开始有了迅速的发展，已经可以进行初步的自我控制，甚至记忆力也在逐步增强，能认知和记住一部分的事物。加上宝宝的好奇心开始加强，父母可以通过游戏提供适当的感官刺激，可以促进他们大脑的发育，让潜能转化为现实能力。玩游戏让宝宝的大脑接触到外部的刺激，增强他们对食物逻辑关系的理解，锻炼思维能力。

030 冷热很有趣

适宜年龄： 6~8 个月。

游戏目的： 刺激宝宝的触觉，让宝宝在生活中养成知冷知热的习惯。

游戏场所： 光线充足、氛围欢快的室外或室内。

游戏道具： 2 个透明的瓶子，2 条干毛巾。

游戏时间： 每次 3 分钟。

游戏步骤

step 1
妈妈拿出 2 个瓶子，分别往 2 个瓶子倒入热水和冷水。

step 2
妈妈拿出 2 条干毛巾，分别浸入热水和冷水中。拧干毛巾之后，妈妈让宝宝伸出双手，分别触摸 2 条温度不一样的毛巾。

step 3
妈妈再用毛巾轻轻擦拭宝宝的脸，让宝宝更进一步地感受冷和热。

温馨提示

热水不要过烫，冷水不要太冷，毕竟宝宝的皮肤还是比较娇嫩的。游戏一定要家长在场，以免宝宝误伤自己。

还可以这样玩

还可以用小勺子喂宝宝分别喝一点冷水和温水，让宝宝有更直观的感受。

031 分享大苹果

适宜年龄： 9个月~1岁。

游戏目的： 让宝宝练习递东西给别人，学会与人分享，养成不自私和善于与人合作的习惯。

游戏场所： 光线充足、柔和的安静室内。

游戏道具： 果盘，苹果，水果刀。

游戏时间： 每次5分钟。

游戏步骤

step 1

妈妈事先将苹果分成大小不一的两半。妈妈将水果放到果盘里。

step 2

妈妈和宝宝坐在一起，让宝宝把盘子里的苹果分给妈妈和宝宝。当宝宝拿起大的那块苹果时，妈妈问："大苹果应该给谁？"

step 3

让宝宝思考一下，然后妈妈说："大苹果给长辈，妈妈是宝宝的长辈。"引导宝宝把大苹果给妈妈，宝宝这样做后，妈妈伸出大拇指夸奖宝宝真乖。

温馨提示

如果宝宝并不喜欢吃苹果，可以换成宝宝喜欢的水果。引导宝宝学会分苹果的时候，家长一定要耐心，宝宝刚开始可能会不明白。

还可以这样玩

可以用梨子或桃子代替苹果，玩游戏前可以给宝宝讲《孔融让梨》的故事。

032 节约食物从我开始

适宜年龄：6~8 个月。

游戏目的：锻炼宝宝手的抓握能力，以及让宝宝学会分享。

游戏场所：光线充足、柔和的安静室内。

游戏道具：椅子，托盘，糖果，水果。

游戏时间：每次 3 分钟，可重复 2~3 次。

游戏评分

游戏完成度

★ ★ ★ ★ ★

宝宝活跃度

★ ★ ★ ★ ★

家长满意度

★ ★ ★ ★ ★

家长笔记

▼ 温馨提示

如果东西太大，小心不要让宝宝吃下去。妈妈的态度要明确，使得宝宝明白自己怎么做才会使妈妈高兴。

▼ 还可以这样玩

妈妈先将一些小豆或小米放在宝宝身边，鼓励宝宝将它们收集到碗里。

游戏步骤

step 1

让宝宝坐在高椅子上，妈妈拿出一块糖果放在手掌上，让宝宝自己伸手拿起来。宝宝拿起来后，妈妈对宝宝报以微笑。

step 2

妈妈再拿出一个小托盘，里面放着一些小水果，让宝宝伸手拿起小水果。

step 3

当宝宝拿起水果后，妈妈张开一只手，引导宝宝将水果放到妈妈的掌心上。

033 捡花生

适宜年龄：9 个月~1 岁。

游戏目的：锻炼宝宝的手指活动能力，以及让宝宝养成整理和收纳的好习惯。

游戏场所：光线充足，让宝宝感到舒服的客厅里。

游戏道具：空盒子，一些花生。

游戏时间：每次 5 分钟。

▽ 游戏步骤

step 1
妈妈把一些花生放到地上，然后用拇指和食指捏起一粒花生。

step 2
让宝宝学着妈妈的动作，用拇指和食指拿起花生，如果宝宝用上了中指，妈妈也不要去纠正。

step 3
让宝宝把地上的花生捡起来，全部放到旁边的空盒子里。

▽ 温馨提示

一定不能让宝宝把花生连着壳放进嘴里吞食下去，家长要看护好宝宝。

▽ 还可以这样玩

妈妈可以在盒子里放入花生和红枣，让宝宝把红枣选出来放到盒子外面去。

034 竹蜻蜓的小天地

适宜年龄： 9个月~1岁。

游戏目的： 丰富宝宝的想象力，加深亲子感情。

游戏场所： 阳光柔和的安静阳台或户外。

游戏道具： 竹蜻蜓。

游戏时间： 每次5分钟，可重复2~3次。

游戏步骤

step 1

妈妈和宝宝坐在一起，妈妈拿出一个制作好的竹蜻蜓给宝宝看，并告诉宝宝哪部分是竹蜻蜓的翅膀。

step 2

妈妈示范给宝宝看如何放飞竹蜻蜓，当竹蜻蜓飞起来时，妈妈对宝宝说："看，竹蜻蜓在空中飞起来了。"

step 3

宝宝坐在妈妈的怀里，妈妈把竹蜻蜓给宝宝，带领宝宝放飞竹蜻蜓。

温馨提示

妈妈可以给宝宝讲一个关于蜻蜓的小故事，让宝宝对蜻蜓产生兴趣。

还可以这样玩

可以给竹蜻蜓涂上色彩，让竹蜻蜓飞翔时有更显眼的效果。

035 山的那边有什么

适宜年龄：9 个月 ~1 岁。

游戏目的：开发宝宝的智力，增进亲子感情。

游戏场所：光线充足、氛围欢快的室外或室内。

游戏道具：玩具小熊。

游戏时间：每次 5 分钟，可重复 2~3 次。

游戏评分

游戏完成度
★★★★★

宝宝活跃度
★★★★★

家长满意度
★★★★★

家长笔记

温馨提示

一定要选择宝宝非常感兴趣的玩具，这样游戏才有效果。

还可以这样玩

可以用一个会发声的玩具玩这个游戏，妈妈一只手放在背后捏玩具，使玩具发出声音。

▽ 游戏步骤

step 1

妈妈将玩具小熊放在小柜子上，让宝宝举起双手拿却拿不到。

step 2

妈妈蹲下来对宝宝说："宝宝还够不着玩具该怎么办呢？"妈妈拿出一支彩色笔，让宝宝握住，对宝宝说："如果宝宝举起彩色笔会够得着吗？"

step 3

妈妈协助宝宝举起彩色笔去够玩具小熊，将玩具拨到地面，然后妈妈可以把玩具拿给宝宝玩。

039 身体在说话

适宜年龄： 9 个月 ~1 岁。

游戏目的： 让宝宝学会用肢体语言表达内心简单的想法。

游戏场所： 光线充足的室内或阳光柔和的户外。

游戏时间： 每次 4 分钟。

▼ 游戏步骤

step 1
妈妈和宝宝面对面，妈妈一边拍拍肚子一边告诉宝宝："这说明妈妈吃饱了。"

step 2
妈妈一边用手在鼻前扇扇或捏着鼻子一边告诉宝宝："这说明鼻子前面有臭臭的东西。"

step 3
妈妈还可以教宝宝更多的动作，比如"致谢"、"再见"等。等宝宝熟悉这些动作后，妈妈可以测试一下，看宝宝的反应是否正确。

▼ 温馨提示

宝宝如果长时间没有办法用语言表达自我，就会有焦虑情绪。身体语言能帮助宝宝表达自己的意愿，因而能调节宝宝焦虑的情绪。

▼ 还可以这样玩

妈妈可以准备一些杯子，里面放有不同味道的水，让宝宝用舌头尝，让宝宝品尝不同的味道。

040 积木变变变

适宜年龄： 6~8 个月。
游戏目的： 锻炼宝宝的形象思维和扩散思维能力。
游戏场所： 光线充足、柔和的安静室内。
游戏道具： 一些积木。
游戏时间： 每次 5 分钟。

游戏步骤

step 1

妈妈将积木摆在地上，宝宝坐在妈妈身边，妈妈用积木摆出一个三角形。

step 2

妈妈再将摆好的积木打乱，让宝宝拿着积木摆出妈妈刚才摆出的三角形。

step 3

妈妈称赞宝宝摆出了三角形。妈妈让宝宝用这些积木自由发挥，摆出各种各样的形状。

温馨提示

要选择宝宝心情好的时候玩这个游戏，因为摆放积木对于这个阶段的宝宝来说还是需要耐心的。

还可以这样玩

可以邀请家里的其他成员或小朋友跟宝宝玩这个游戏，由妈妈说出要摆放的形状，比比看谁更快。

041 快乐转圈圈

适宜年龄： 6~8 个月。
游戏目的： 帮助宝宝开发情绪智力。
游戏场所： 光线充足、柔和的安静室内，柔软的床或沙发上。
游戏道具： 一些好玩或好吃的东西。
游戏时间： 每次 5 分钟。

游戏评分

游戏完成度
★ ★ ★ ★ ★

宝宝活跃度
★ ★ ★ ★ ★

家长满意度
★ ★ ★ ★ ★

家长笔记

▼ 温馨提示

家长的情绪会直接影响到宝宝，所以家长要保持笑容，消除宝宝的烦躁情绪。如果宝宝对这个游戏不感兴趣时，可以适时让宝宝够到东西。

▼ 还可以这样玩

家长可以将宝宝横抱在怀里，由家长自己转圈圈，让宝宝感受旋转的乐趣。

游戏步骤

step 1

选择一个宝宝心情好的时间，让宝宝俯卧在床上。

step 2

妈妈拿出一个好玩或好吃的东西，放在宝宝的侧前方晃动。使得宝宝能抬起四肢，以肚子为中心旋转。

step 3

看到宝宝旋转后，妈妈大笑，感染宝宝也笑起来，最后再把东西给宝宝。

042 快乐铃铛掉下来

适宜年龄： 9个月~1岁。

游戏目的： 促进宝宝认知智能的发展。

游戏场所： 环境安静的室内，干净的地毯上。

游戏道具： 铃铛。

游戏时间： 每次4分钟，可重复5~7次。

▼ 游戏步骤

step 1
妈妈和宝宝面对面坐着，妈妈拿出一串铃铛，告诉宝宝这是铃铛。

step 2
妈妈手拿铃铛，同时说："一、二、三，铃铛掉下来了！"说到"掉下来"时就把手松开。这个动作妈妈可以多做几遍。

step 3
妈妈把铃铛给宝宝，在旁边说口令："一、二、三，铃铛掉下来了！"让宝宝按口令松开铃铛，使铃铛掉到地上。

▼ 温馨提示

注意不要让宝宝将铃铛含在嘴里。

▼ 还可以这样玩

还可以用球类玩具来代替铃铛。

043 管道里的球

适宜年龄： 9个月~1岁。
游戏目的： 提升宝宝的逻辑思维能力。
游戏场所： 光线充足、柔和的安静室内。
游戏道具： 卡片纸纸筒，乒乓球。
游戏时间： 每次5分钟。

游戏步骤

step 1

妈妈和宝宝面对面坐在地板上，妈妈一手拿着纸筒，一手拿乒乓球。

step 2

妈妈对宝宝说："现在妈妈来给宝宝变个魔术。"妈妈把球塞进纸筒里，让纸筒保持水平，别让球掉出来。妈妈问宝宝："球呢？"

step 3

当宝宝看着纸筒时，妈妈说："是在这里吗？"妈妈将纸筒倾斜，让球掉出来，对宝宝说："宝宝真棒，是在里面。"

温馨提示

在玩游戏前，妈妈可以拿纸筒给宝宝把玩，让宝宝了解纸筒的结构。

还可以这样玩

当宝宝熟悉了这个游戏后，就让宝宝主导游戏，妈妈来猜球的走向和速度。

044 小小鼓乐手

适宜年龄：6~8个月。

游戏目的：刺激宝宝听觉的发育，培养宝宝的节奏感。

游戏场所：光线充足，让宝宝感到舒服的客厅里。

游戏道具：塑料碗，玻璃杯，瓷碗，勺子，音响设备。

游戏时间：每次6分钟。

游戏评分

游戏完成度
★★★★★

宝宝活跃度
★★★★★

家长满意度
★★★★★

家长笔记

温馨提示

游戏过程中要帮助宝宝控制情绪，不要敲伤自己，另外告诉宝宝不要敲电视机、音响、电脑等贵重物品。

还可以这样玩

妈妈可以让宝宝背对自己，然后妈妈敲响某个东西，再让宝宝猜刚才被敲响的东西是哪个。

游戏步骤

step 1

妈妈先放一段欢快的音乐给宝宝听,最好是那些节奏明快、易于记忆的音乐。

step 2

妈妈再拿出塑料碗,然后用勺子敲击,让宝宝听听会发出什么声音。

step 3

妈妈让宝宝依次用勺子敲击玻璃杯、瓷碗,让宝宝熟悉各种器具发出的声音后,再轻轻地放音乐,让宝宝随着节奏敲击它们。

045 捏个小泥人

适宜年龄： 9个月~1岁。

游戏目的： 锻炼宝宝的小手，促进宝宝情绪智力的发展。

游戏场所： 光线柔和、安静的阳台或户外。

游戏道具： 橡皮泥。

游戏时间： 每次10分钟。

游戏步骤

step 1
妈妈拿出一盒橡皮泥，拿出其中几块让宝宝捏，然后妈妈示范给宝宝看，怎样捏成大饼或面条。

step 2
妈妈对宝宝说："我们来捏个小泥人。"妈妈先捏出泥人的整体轮廓，再用其他颜色的橡皮泥捏出头发、眼睛、鼻子等。

step 3
妈妈可以拿起捏好的头发问宝宝："这黑黑的头发应该放在哪里？"引导和带领宝宝把小泥人完整地拼装出来。

温馨提示

一定要用几种颜色的橡皮泥来捏，多种颜色更能引起宝宝的兴趣。注意最好选购淀粉和食用色素制成的安全橡皮泥。

还可以这样玩

除了捏小人外，还可以引导宝宝捏些小花、小草和小动物，最后由妈妈将宝宝捏出来的物品组成一幅可爱的图画。

046 一个都不少

适宜年龄： 6~8 个月。
游戏目的： 增强宝宝的记忆力，满足宝宝的好奇心。
游戏场所： 环境整洁、宽敞的室内或室外。
游戏道具： 小镜子，项圈，铃铛，小球。
游戏时间： 每次 5 分钟，可重复 3~5 次。

游戏步骤

step 1

妈妈先将小玩具排成一排放到宝宝面前，然后告诉宝宝这些都是什么。

step 2

妈妈让宝宝转过身，然后从玩具中拿走一个放到背后。

step 3

妈妈让宝宝转身回来，问宝宝："这里的玩具少了什么？"先让宝宝思考一下，然后妈妈告诉宝宝答案，并从背后拿出玩具。

温馨提示

当妈妈和宝宝玩了几次这个游戏后，妈妈可以一次拿走两个玩具，增加游戏的趣味性。

还可以这样玩

妈妈和宝宝可以互换角色，由宝宝来藏，妈妈来猜少了什么玩具。

047 神奇的发声器

适宜年龄： 9个月~1岁。

游戏目的： 刺激宝宝的听觉，培养宝宝的好奇心。

游戏场所： 光线柔和的室内或室外。

游戏道具： 3个空塑料瓶子，一些豆子、米粒和水。

游戏时间： 每次3分钟。

游戏评分

游戏完成度

★★★★★

宝宝活跃度

★★★★★

家长满意度

★★★★★

家长笔记

温馨提示

瓶盖要盖好，以防宝宝摇得过猛时将里面的小东西撒出来，吓到宝宝。

还可以这样玩

可以播放节奏感较强的音乐，妈妈和宝宝拿着装有米粒或豆子的瓶子做沙锤演奏。

游戏步骤

step 1

选择一个宝宝心情好的时间，让宝宝俯卧在床上。

step 2

妈妈拿出一个好玩或好吃的东西，放在宝宝的侧前方晃动。使得宝宝能抬起四肢，以肚子为中心旋转。

step 3

看到宝宝旋转后，妈妈大笑，感染宝宝也笑起来，最后再把东西给宝宝。

048 泡泡飞呀飞

适宜年龄： 9 个月 ~1 岁。

游戏目的： 培养宝宝的情绪智力和想象力，锻炼宝宝手眼协调能力。

游戏场所： 光线充足、氛围欢快的室外或室内。

游戏道具： 吹泡泡玩具。

游戏时间： 每次 5 分钟。

▼ 游戏步骤

step 1
宝宝坐在妈妈身边，妈妈用吹泡泡玩具吹泡泡。

step 2
当泡泡越来越多时，妈妈抱着宝宝并举起宝宝的手，让宝宝注意看泡泡。妈妈可以跟宝宝说："泡泡好漂亮，在空中飞呀飞，一会儿在这里，一会儿在那哩。"

step 3
妈妈抱着宝宝，让宝宝和妈妈一起去吹泡泡。当自己可以参与到吹泡泡的活动时，宝宝会感到很高兴。

▼ 温馨提示

如果泡泡突然碰到宝宝脸上，宝宝可能会被吓到，妈妈这时要及时安慰宝宝。

▼ 还可以这样玩

可以邀请其他的小宝宝一起来玩这个游戏，比比看谁吹的泡泡更大。

049 磁铁的魔法

适宜年龄： 9个月~1岁。
游戏目的： 培养宝宝的好奇心和探索能力。
游戏场所： 光线充足、柔和的安静室内。
游戏道具： 一对磁铁，一条绳子。
游戏时间： 每次5分钟，可重复3~5次。

游戏步骤

step 1

妈妈先用绳子将两块磁铁系上，然后拿给宝宝看。

step 2

妈妈拿着两块磁铁，然后慢慢靠近直至两块磁铁贴在一起。

step 3

妈妈把两块磁铁给宝宝，让宝宝自己把玩，自己理解磁铁的磁性。

温馨提示

宝宝自己玩磁铁的时候，妈妈要注意不要让宝宝把磁铁含到嘴里。

还可以这样玩

妈妈可以在两块磁铁中间横一块硬纸板，然后将两块磁铁隔着纸板贴住，宝宝移动其中一块磁铁，会发现另一块也在移动。

050 气球跳跳跳

适宜年龄： 6~8 个月。

游戏目的： 使宝宝更好地理解因果关系。

游戏场所： 光线充足的室内或阳光柔和的户外。

游戏道具： 红色气球。

游戏时间： 每次 5 分钟。

游戏评分

游戏完成度

★★★★★

宝宝活跃度

★★★★★

家长满意度

★★★★★

家长笔记

温馨提示

不要把气球吹得太鼓，避免气球被拍破时的声音吓到宝宝。最好选择小的、弹性很好的气球。

还可以这样玩

游戏步骤

step 1

妈妈拿出没有吹起的气球,给宝宝摸一摸。

step 2

妈妈将气球吹大,可以让宝宝把手放在气球上感受气球的变化。

step 3

妈妈将气球轻轻捧起来,然后扶起宝宝的手一起拍打气球。

051 玩具快乐出场

适宜年龄： 6~8个月。

游戏目的： 让宝宝理解因果关系，提高宝宝的智力。

游戏场所： 光线充足、柔和的安静室内。

游戏道具： 毛巾，毛绒玩具。

游戏时间： 每次5分钟。

游戏步骤

step 1
妈妈事先将一个毛绒玩具用毛巾盖好，然后引起宝宝的注意。

step 2
妈妈将手放在毛巾上，对宝宝说："宝宝，让我们看看这到底是什么呢？"妈妈掀开毛巾，看到玩具后做出很惊喜的表情。

step 3
妈妈再用毛巾盖住玩具，协助宝宝伸手去掀开毛巾，妈妈在旁边仍旧做出很惊喜的样子。

温馨提示

可以挑选色彩鲜艳的毛绒玩具，更容易吸引宝宝的注意力。

还可以这样玩

妈妈也可以用俄罗斯套娃来玩这个游戏，让宝宝不断地拿起外面的套娃，达到惊喜的效果。

052 小汽车过山洞

适宜年龄： 9个月~1岁。
游戏目的： 培养宝宝的耐心和想象力。
游戏场所： 光线充足、柔和的安静室内。
游戏道具： 凳子，玩具小汽车。
游戏时间： 每次5分钟。

游戏步骤

step 1

妈妈和宝宝坐在一起，然后妈妈拿出玩具小汽车给宝宝看。

step 2

妈妈把小汽车从小凳子底下开过去，再开过来，在穿过凳子的时候告诉宝宝："小汽车要过山洞了。"引导宝宝观察小汽车是怎么穿过山洞的。

温馨提示

在小汽车过山洞的时候，妈妈要引导宝宝注意小汽车是怎么穿过去的，使得宝宝能对空间关系有更深的了解。

还可以这样玩

step 3

妈妈把小汽车给宝宝，让宝宝把小汽车开过山洞。

可以用几张凳子在地上摆出一条路线，让宝宝使小汽车一一通过凳子底下。

053 小木马会说话

适宜年龄： 9个月~1岁。

游戏目的： 训练宝宝开口说话，提高宝宝的社交能力。

游戏场所： 阳光柔和、安静、宽敞的客厅或室外。

游戏道具： 小木马。

游戏时间： 每次5分钟。

游戏评分

游戏完成度
★ ★ ★ ★ ★

宝宝活跃度
★ ★ ★ ★ ★

家长满意度
★ ★ ★ ★ ★

家长笔记

温馨提示

妈妈要注意宝宝骑木马时摇晃的幅度不要太大，晃动的速度也不要过快，以免宝宝感到不适。

还可以这样玩

可以播放一些儿童歌曲，然后妈妈根据音乐有节奏地晃动木马，让宝宝感受音乐的节奏。

游戏步骤

step 1

妈妈抱着宝宝指着小木马问宝宝："这是什么呀？"妈妈告诉宝宝这是小木马，妈妈让宝宝招手跟小木马打招呼。

step 2

妈妈轻轻推动小木马，告诉宝宝："看，小木马在对宝宝说'很高兴认识你'。"

step 3

妈妈将宝宝放在木马背上，让宝宝体会骑木马的乐趣。妈妈可以扮作小木马跟宝宝交流。

054 扇子会刮风

适宜年龄： 6~8 个月。

游戏目的： 增强宝宝的想象力，促进宝宝的智力发育。

游戏场所： 光线充足、柔和的安静室内。

游戏道具： 扇子，纸条，童话书。

游戏时间： 每次 5 分钟，可重复 3~5 次。

游戏步骤

step 1
妈妈抱着宝宝，拿起一本童话书，给宝宝讲一个关于风的童话故事。

step 2
妈妈拿出扇子，给宝宝扇风，让宝宝感受到风。

step 3
妈妈把扇子拿给宝宝，引导宝宝摇动手中的扇子，并对着地上的纸条扇，让宝宝看到纸条被风吹起。

温馨提示

扇子不要太大，以免宝宝的手抓不住。妈妈扇风时要慢些，太大的风会吓到宝宝。

还可以这样玩

妈妈帮宝宝扇风，然后让宝宝也给妈妈扇风。

055 毛毛熊好痒痒

适宜年龄： 6~8 个月。
游戏目的： 用触觉刺激宝宝发音，促进其语言能力的发展。
游戏场所： 光线充足的室内或阳光柔和的户外。
游戏时间： 每次 6 分钟。

游戏步骤

step 1

妈妈抓住宝宝的一只手，并让宝宝的手张开。

step 2

妈妈用另一只手在宝宝的掌心画圈圈，接着用两根手指顺着宝宝的手臂往上移。做这些动作的时候，妈妈给宝宝唱儿歌："胖胖毛毛熊，围着花园转，一步，两步，三四步，就在这儿蹭痒痒，蹭啊蹭，蹭痒痒。"

温馨提示

宝宝在游戏中会很注意听儿歌，这有利于宝宝语言能力的发展，所以妈妈唱儿歌时要吐字清晰。

step 3

唱完儿歌后，妈妈把手指放在宝宝的下巴处，轻轻地挠痒痒，逗得宝宝乐开怀。

还可以这样玩

妈妈可以拿着一个小熊玩具，用它毛茸茸的手去触碰宝宝。

056 铃儿叮当响

适宜年龄： 6~8 个月。

游戏目的： 训练宝宝将行为与结果联系起来，促进宝宝对声音和形象联系的感知能力的发展。

游戏场所： 光线充足、柔和，安静的室内。

游戏道具： 绳子，小铃铛。

游戏时间： 每次 4 分钟，可重复 5~8 次。

游戏步骤

step 1
妈妈将小铃铛系在绳子上，一手拿着绳子一端。

step 2
妈妈摇动绳子的另一端，让小铃铛发出声音。

step 3
妈妈在旁边引导宝宝自己拉动绳子，让小铃铛发出响声。宝宝完成时，妈妈在旁边赞美宝宝。

温馨提示

妈妈要注意宝宝在玩游戏时的情绪，如果宝宝情绪不佳，可以有节奏地摇晃铃铛，缓解宝宝的不安情绪。

还可以这样玩

也可以将铃铛套在宝宝的手腕上，宝宝晃动手就会发出响声。

057 偷懒的杯子

适宜年龄： 9个月~1岁。
游戏目的： 让宝宝理解"倒"和"正"的意思，锻炼宝宝的手指灵活度。
游戏场所： 光线充足、柔和的安静室内。
游戏道具： 几个纸杯。
游戏时间： 每次5分钟。

游戏步骤

step 1

妈妈先将所有的纸杯正放在地上，然后倒放其中几个纸杯。

step 2

妈妈对宝宝说："天亮了，杯子们都起床了，但有几个偷懒的杯子还倒着睡觉。宝宝，我们来看看哪个杯子偷懒了，好吗？"妈妈拿起其中一个倒放的杯子，告诉宝宝"这个就是偷懒的杯子了"，然后将倒放的杯子放正。

温馨提示

家长要有足够的耐心让宝宝正确理解"倒"和"正"的概念。

step 3

让宝宝自己从中找出倒放的杯子，并将其放正。如果宝宝还不懂怎么做，妈妈可以协助宝宝完成。

还可以这样玩

也可以将大部分的杯子倒放着，让宝宝从中找出正放的杯子并将其倒放。

058 小熊宝宝

适宜年龄： 9个月~1岁。

游戏目的： 让宝宝的身体动作与语言结合，开发宝宝的语言能力。

游戏场所： 光线充足，让宝宝感到舒服的客厅里。

游戏道具： 玩具小熊。

游戏时间： 每次3分钟，可重复2~3次。

游戏评分

游戏完成度
★★★★★

宝宝活跃度
★★★★★

家长满意度
★★★★★

家长笔记

温馨提示

如果宝宝对小熊不感兴趣，可用宝宝喜欢的动物玩具来代替。游戏中，妈妈要给予宝宝鼓励。

还可以这样玩

妈妈和宝宝各拿着一个玩具小熊，一起游戏。

游戏步骤

step 1

妈妈拿着玩具小熊，学着熊宝宝的声音跟宝宝打招呼："宝宝，你好。"

step 2

妈妈一边唱儿歌，一边做动作。"小熊小熊你转个圈，小熊小熊你敬个礼，小熊小熊你弯弯腰，小熊小熊你跺跺脚。"

step 3

妈妈做示范之后，手把手拉着宝宝一起做动作，每次做完后都告诉宝宝："你真棒。"

059 乖小兔睡觉

适宜年龄： 9个月~1岁。

游戏目的： 培养宝宝关心他人的习惯，让宝宝知道睡觉要安静、要盖好被子。

游戏场所： 光线充足，让宝宝感到舒服的客厅。

游戏道具： 玩具小兔，小毛巾。

游戏时间： 每次5分钟。

游戏步骤

step 1

让宝宝抱着玩具小兔，一边摇玩具小兔一边唱："小兔兔乖乖，小兔兔要睡觉；小兔兔不要叫，小兔兔要睡觉，不要妈妈陪，不要爸爸陪，不要奶奶陪，小兔兔自己睡。"

step 2

让宝宝把玩具小兔放在婴儿车上，然后给它盖上一块小毛巾。

step 3

妈妈把手指放在嘴上，示意宝宝要安静，带着宝宝一起离开，让小兔玩具安静睡觉。

温馨提示

游戏可以为宝宝今后单独睡觉做铺垫。

还可以这样玩

可以让宝宝给玩具小兔唱儿歌，或者讲个小故事哄小兔入睡。

060 宝宝的好伙伴

适宜年龄： 9 个月 ~1 岁。
游戏目的： 培养宝宝的社交能力。
游戏场所： 光线充足、柔和安静的室内，柔软的床或沙发上都可以。
游戏道具： 玩具手偶。
游戏时间： 每次 5 分钟。

游戏步骤

step 1

妈妈戴上手偶，用手偶去跟宝宝打招呼："宝宝，你好吗？"

step 2

妈妈用手偶去碰宝宝的身体，同时说："小宝宝，小人偶要来抓宝宝，抓抓挠挠身体棒。"手偶表演完后，跟宝宝说再见。

step 3

妈妈把手偶给宝宝戴上，让宝宝自己玩。

温馨提示

妈妈可以用两只手偶玩具左右手一起表演，然后给宝宝一只手偶，妈妈跟宝宝用手偶互动。

还可以这样玩

妈妈可以阅读一本童话书，用手偶为宝宝表演书里面的故事情节。

061 宝宝学做操

适宜年龄： 9个月~1岁。

游戏目的： 培养宝宝的模仿能力，开发宝宝的社交潜力。

游戏场所： 客厅里，电视机前。

游戏道具： 电视机或视频播放设备。

游戏时间： 每次5分钟，可重复3~5次。

游戏评分

游戏完成度
★ ★ ★ ★ ★

宝宝活跃度
★ ★ ★ ★ ★

家长满意度
★ ★ ★ ★ ★

家长笔记

温馨提示

让宝宝学做的体操不要太复杂，只要能激起宝宝模仿的兴趣就可以了。

还可以这样玩

爸爸可以把宝宝和妈妈一起做体操的视频拍下来，和宝宝、亲人朋友一同欣赏。

step 1

妈妈和宝宝一起坐在电视前，妈妈播放一段宝宝体操的视频让宝宝观赏。

step 2

妈妈拉着宝宝的手跟着视频里教的体操一起做动作。

step 3

游戏结束后，妈妈抱着宝宝，伸出大拇指对宝宝说："宝宝做得跟他们一样棒！"

宝宝吃对了吗?

0~3周岁是宝宝大脑发育的第一个关键时期,这段时间里宝宝的智力在迅速地发育。除了通过游戏来发展宝宝智力,家长们也可以选择给宝宝吃一些有利于宝宝大脑发育的食品。下面就给大家介绍有利于宝宝大脑发育的食物。

五谷类

1. 黄豆: 含有不饱和脂肪酸和大豆磷脂,可促进大脑发育。

2. 小麦胚芽: 富有谷胱甘肽,可以有效保护大脑。

3. 蚕豆: 含有调节大脑和神经组织的钙、锌、锰,有健脑作用。

4. 小米: 含有较多的蛋白质、脂肪、钙和维生素 B1,被人们称为健脑主食。

5. 玉米: 富含大量不饱和脂肪酸,能调节神经系统,帮助脑部发育。

小贴士:可以将以上石材榨汁或是煮成糊状,这样比较易于宝宝吸收和消化。

肉蛋类

1. 鹌鹑蛋: 富含脑磷脂,是高级神经活动不可缺少的营养物质,有健脑作用。

2. 鲫鱼: 含有丰富的 DHA 和卵磷脂,是脑细胞必不可少的营养素。

3. 鸡蛋: 富含 DHA 和卵磷脂,有益于神经系统的健康发展。

4. 牛肉: 氨基酸含量很高,有助于提高智力。

5. 秋刀鱼: 含有丰富的蛋白质、脂肪酸和 DHA 等不饱和脂肪酸,有助于脑部发育。

小贴士:宝宝年龄较小,不适宜每天摄取大量的肉类,应当根据宝宝年龄和生长情况来合理安排。

蔬菜类

1. 佛手瓜: 含有较多的锌,有助于提高记忆力。

2. 菠菜: 含有大量抗氧化剂,促进大脑健康。

3. 黄花菜: 有较强的健脑功能,被人们称为"健脑菜"。

4. 洋白菜: 含有丰富的维生素、钙和磷,有助于血液循环,促进脑部生长。

5. 海带： 含有碘、钙、维生素 A，能促进甲状腺荷尔蒙的分泌，促进脑部发育。

小贴士：可以将不同的蔬菜相搭配，让宝宝摄取更多营养。

水果类

1. 香蕉： 富含蛋白、糖、钾、磷等多种营养，促进脑部发育。

2. 火龙果： 含有花青素成分，有抗氧化预防脑细胞变化的作用。

3. 蓝莓： 能够有效地调节脑神经的发展，维持健康状况。

4. 红枣： 富含钙和铁，可提高人体免疫力，促进脑神经健康发展。

5. 樱桃： 含有丰富的维生素 A，能够促进脑部的生长。

小贴士：水果也要根据宝宝的体质来选择，并不是所有的水果都可以肆意食用。

坚果类

1. 核桃： 营养丰富，对大脑神经有非常好的促进作用。

2. 莲子： 有助于提高记忆力，有健脑作用。

3. 松子： 磷、锰的含量丰富，对大脑和神经有补益。

4. 黑芝麻： 含有大量的蛋白质、维生素、卵磷脂等，有益于大脑生长。

5. 葵花籽： 富含不饱和脂肪酸和多种维生素，促进大脑健康。

小贴士：食用坚果要注意防止宝宝上火，应该选用没有被过分烤制的坚果。

调料类

1. 花生油： 含有多种抗氧化成分，能够很好地促进大脑的生长。

2. 葵花油： 含有丰富的铁、锌、钾等微量元素，还有维生素 B1，都有助于脑部健康。

3. 色拉油： 含有一定的豆类磷脂，有益于神经、血管和大脑的发育。

4. 豆豉： 含有丰富的蛋白质、氨基酸维生素和矿物质，能抱住大脑生长。

5. 味精： 能补充人体内的氨基酸，给大脑提供能量，促进其发育。

小贴士：调料是辅助食物味道的好帮手，但宝宝不宜过多食用，少量适量即可。
婴儿应少吃味精，多则易造成缺锌，影响宝宝发育。

Chapter 3

1~2 岁小游戏

　　这个年龄阶段的宝宝已经有了一定的思维能力，记忆力也增强了，可以通过增加或减少物品的游戏加强锻炼宝宝的记忆力。通过让宝宝触摸感知各种物品，锻炼宝宝的抽象思维能力和具体思维能力等。和宝宝玩游戏时，重点在于和宝宝之间的亲密互动，借此增进亲子关系，并且让宝宝在轻松愉快的氛围中越玩越聪明。

062 宝宝听力大测试

适宜年龄： 1~2岁。

游戏目的： 锻炼宝宝的听力，培养宝宝从抽象到形象的联想能力。

游戏场所： 宽敞、明亮、整洁的室内。

游戏道具： 筷子，碗，铁桶，瓶子。

游戏时间： 每次6分钟，可重复3~5次。

▼ 游戏步骤

step 1
妈妈和宝宝面对面坐着，妈妈拿出一只碗、一个铁桶和一个瓶子，然后用筷子分别敲响这些东西，让宝宝熟悉每样东西发出来的声音。

step 2
让宝宝转过身背对妈妈，妈妈用筷子敲响其中一个物品。

step 3
让宝宝转过身面对妈妈，让宝宝伸手指出刚才妈妈敲响了哪样物品。

▼ 温馨提示

家长在游戏中不要嘲笑宝宝，要主动营造快乐的氛围。

▼ 还可以这样玩

可以由宝宝来敲击物体，妈妈背过身来猜。

063 大苹果，小苹果

适宜年龄： 1~2 岁。
游戏目的： 让宝宝分清大小和多少，开发宝宝智力。
游戏场所： 环境整洁、宽敞的室内或室外。
游戏道具： 大苹果，小苹果。
游戏时间： 每次 3 分钟。

▼ 游戏步骤

step 1

妈妈面对宝宝，拿出两个苹果，然后告诉宝宝哪个是大苹果，哪个是小苹果。

step 2

妈妈把苹果给宝宝拿着，让宝宝感受大小苹果的区别。

step 3

妈妈问宝宝："乖宝宝，把小苹果给妈妈好吗？"让宝宝把小苹果给妈妈，教会宝宝分出大小。

▼ 温馨提示

这个游戏可以逐步增加苹果的数量，以及减少大小的悬殊来增加游戏难度。

▼ 还可以这样玩

可以选择一个红苹果、一个青苹果，让宝宝认识颜色，以及区分哪个是熟透的，哪个是生涩的。

064 丰收季节叠南瓜

适宜年龄：1~2岁。

游戏目的：培养宝宝的专注力和动手能力。

游戏场所：光线充足、柔和的安静室内。

游戏道具：3个南瓜玩具。

游戏时间：每次6分钟。

游戏评分

游戏完成度

★★★★★

宝宝活跃度

★★★★★

家长满意度

★★★★★

家长笔记

▼ 温馨提示

平时可以给宝宝看些蔬菜，让宝宝知道饭桌上的美味原来的样子。

▼ 还可以这样玩

给宝宝做一道南瓜做的菜，告诉宝宝这就是今天做游戏用到的南瓜。

游戏步骤

step 1

妈妈将三个南瓜摆在地上，拿起其中一个南瓜对宝宝说："这个是南瓜，现在到丰收季节了，南瓜又大又漂亮。"

step 2

妈妈将三个南瓜叠在一起，告诉宝宝："我们要把南瓜叠放好，看起来整整齐齐的。"

step 3

妈妈让宝宝自己将三个南瓜叠在一起。宝宝完成后，妈妈称赞宝宝真棒。

065 一起拧毛巾

适宜年龄： 1~2 岁。

游戏目的： 培养宝宝团结合作的意识。

游戏场所： 阳光柔和的阳台上。

游戏道具： 小毛巾。

游戏时间： 每次 3 分钟。

游戏步骤

step 1

妈妈在宝宝面前拿出一条带水的小毛巾，对宝宝说："宝宝，妈妈现在一个人拧不干毛巾，宝宝能帮我吗？"

step 2

让宝宝握住毛巾的一头，妈妈握住另一端，把毛巾拧干。

step 3

拧干毛巾后，妈妈摊开毛巾，让宝宝欣赏自己和妈妈一起合作拧干的毛巾。

温馨提示

毛巾不要湿水太多，拧毛巾的时候，只要让宝宝抓住一端就可以了，妈妈抓住另一端用力拧干毛巾。

还可以这样玩

妈妈晾衣服的时候可以让宝宝在旁边帮忙拧袜子里的水。

066 五颜六色真好玩

适宜年龄：1~2岁。
游戏目的：让宝宝认识颜色，提高宝宝的智力。
游戏场所：阳光柔和、安静的阳台或户外。
游戏道具：小红球，小黄球，小蓝球，小绿球。
游戏时间：每次3分钟，可重复5~7次。

▼ 游戏步骤

step 1

妈妈拿出四个球告诉宝宝各个球的颜色，然后教宝宝唱儿歌："红红的像苹果，绿绿的像西瓜，黄黄的像梨子，蓝蓝的像海洋。"

step 2

妈妈从四个球中滚出一个球，让宝宝去捡回来。

step 3

宝宝捡球回来后，妈妈问宝宝："这是什么颜色呢？"如果宝宝反应不过来，妈妈可以唱儿歌提醒宝宝。

▼ 温馨提示

反复进行这个游戏，直到宝宝能够清楚地辨别出颜色。

▼ 还可以这样玩

妈妈可以拿出许多白色的小球，然后让宝宝从里面找出彩色的小球。

067 乖宝宝问声好

适宜年龄： 1~2 岁。

游戏目的： 教会宝宝与人交往的礼节。

游戏场所： 光线充足、氛围欢快的室外或室内。

游戏道具： 2 个毛绒动物小玩具。

游戏时间： 每次 4 分钟，可重复 2~3 次。

游戏评分

游戏完成度

★ ★ ★ ★ ★

宝宝活跃度

★ ★ ★ ★ ★

家长满意度

★ ★ ★ ★ ★

家长笔记

_____

_____

_____

_____

▼ 温馨提示

如果宝宝自己玩得高兴，家长没有必要让宝宝按照安排好的剧情走。

▼ 还可以这样玩

妈妈可以邀请一个小朋友和宝宝进行礼貌用语小表演。

▼ 游戏步骤

step 1

妈妈和宝宝面对面，妈妈双手拿出两个毛绒动物小玩具，引起宝宝的注意。

step 2

妈妈舞动玩具，进行对话："乖娃娃见面问个好，点点头，弯弯腰，握握手。"

step 3

妈妈把其中一个毛绒动物玩具给宝宝，让宝宝双手拿住，妈妈和宝宝一起来玩情景游戏，进行互动式礼貌问候。

068 小纸条变数字

适宜年龄： 1~2 岁。

游戏目的： 锻炼宝宝的观察力和联想力，促进宝宝的智力开发。

游戏场所： 光线充足、氛围欢快的室外或室内。

游戏道具： 硬纸条，白纸，笔。

游戏时间： 每次 8 分钟，可重复 2~3 次。

游戏步骤

step 1
妈妈先在三张白纸上分别写上 3、5 和 8，然后用纸条在地上摆出 3，让宝宝仔细观察。

step 2
妈妈给宝宝一根纸条，让宝宝参照 5 的造型，将 3 变成 5。

step 3
妈妈给宝宝两根纸条，让宝宝参照 8 的造型，将 5 变成 8。

温馨提示

在玩这个游戏时，妈妈可以用各种方法提起宝宝的兴趣，让宝宝多加练习，不要因为宝宝写不出来就呵斥宝宝，这样会打击宝宝的积极性。

还可以这样玩

可以让宝宝用火柴搭建一些几何图形。

069 涂鸦小高手

适宜年龄： 1~2 岁。
游戏目的： 锻炼宝宝手眼协调能力和对颜色的感知能力。
游戏场所： 宽敞、明亮、整洁的室内。
游戏道具： 纸，水彩画笔。
游戏时间： 每次 5 分钟。

▼ 游戏步骤

step 1

妈妈给宝宝一张纸和一些水彩画笔。

step 2

妈妈让宝宝在白纸上涂鸦，妈妈可以在旁边问宝宝画的是什么。

step 3

当宝宝画完后，妈妈根据宝宝画的意图在纸上添加几笔，让图画更形象，启发宝宝多看这些图并多鼓励宝宝画图。

▼ 温馨提示

这个时候的宝宝会越来越喜欢涂鸦，妈妈要防止宝宝用画笔在墙壁上画画。

▼ 还可以这样玩

可以让宝宝用手掌染上颜料在纸上作画。

070 汽车嘟嘟嘟

适宜年龄：1~2岁。

游戏目的：训练宝宝的方向感，让宝宝认识"上去下来"，开发宝宝智力。

游戏场所：光线充足、柔和的安静室内。

游戏道具：一根长1米、宽30厘米的塑料板，一个高20厘米的小凳子，一个玩具小汽车。

游戏时间：每次3分钟，可重复6~8次。

游戏评分

游戏完成度
★★★★★

宝宝活跃度
★★★★★

家长满意度
★★★★★

家长笔记

温馨提示

类似于这种训练宝宝方向感的游戏对日后宝宝不迷路有很大帮助。

还可以这样玩

妈妈可以在车头前方放一块积木，让滑下的玩具车撞倒积木。

游戏步骤

step 1

妈妈将塑料板的一头靠在凳子上，形成一个斜面。然后妈妈把小汽车给宝宝。

step 2

妈妈让宝宝拿着小汽车从高处往下开，妈妈在旁边说："汽车开下来喽！嘟嘟！"

step 3

妈妈再让宝宝拿着小汽车从下面往上开，开不上去时，妈妈提示宝宝："汽车上坡开不动，要加油，要推，宝宝用力推上去。嘟嘟！"

071 宝宝巧过洞

适宜年龄： 1~2岁。

游戏目的： 开发宝宝智力，培养宝宝解决困难的能力。

游戏场所： 阳光柔和、安静、宽敞的客厅或室外。

游戏道具： 大呼啦圈，长棍子。

游戏时间： 每次3分钟。

▼ 游戏步骤

step 1

妈妈将呼啦圈竖起来，告诉宝宝："这个是小山洞，宝宝要拿棍子穿过去哦。"

step 2

妈妈协助宝宝拿起棍子，试着让棍子穿过呼啦圈，当棍子卡在呼啦圈外面时，先让宝宝思考一下。

step 3

妈妈可以引导和协助宝宝让棍子穿过呼啦圈。

▼ 温馨提示

▼ 还可以这样玩

可以用门或窗口等边框固定的东西替换呼啦圈。

072 小小画家

适宜年龄： 1~2 岁。
游戏目的： 让宝宝对色彩建立初步印象。加深宝宝对手的认识，刺激宝宝的创作欲望。
游戏场所： 周围人较少，光线柔和的室内或室外。
游戏道具： 画纸，水彩笔。
游戏时间： 每次 8 分钟。

游戏步骤

step 1

妈妈先在一张画纸上画好一棵长满绿叶的树，然后在另一张画纸上画上树干。

step 2

妈妈给宝宝握住水彩笔，让宝宝参照另外一张画有树叶的树，在树干上画上树叶。

step 3

宝宝画好后，妈妈将宝宝的画拿起来，让宝宝欣赏妈妈和宝宝共同创作的画作。

温馨提示

家长要注意宝宝的安全，不要让宝宝将水彩笔含入口中。

还可以这样玩

妈妈可以将宝宝画的画装裱起来或制作成工艺品，以便保存下来给宝宝看。

073 快乐好耳朵

适宜年龄: 1~2 岁。

游戏目的: 培养宝宝对声音的辨别能力和联想能力。

游戏场所: 阳光柔和、安静、宽敞的客厅或室外。

游戏道具: 音响设备,玩具飞机,玩具小鸭子,玩具小汽车。

游戏时间: 每次 5 分钟,可重复 2~3 次。

游戏评分

游戏完成度

★ ★ ★ ★ ★

宝宝活跃度

★ ★ ★ ★ ★

家长满意度

★ ★ ★ ★ ★

家长笔记

温馨提示

最好选用宝宝比较熟悉的动物的声音。家长可以在平时就模仿一些动物的声音给宝宝听,让宝宝通过声音认识动物。

还可以这样玩

当宝宝玩这个游戏很熟练的时候,可以换成家里成员的声音,让宝宝辨别。

▼ 游戏步骤

step 1

妈妈先用音响设备存储好一段飞机呼啸声、鸭子叫声和小汽车嘀嘀声，然后将玩具飞机、小鸭子和小汽车放在宝宝面前。

step 2

妈妈播放录音，当播放到飞机呼啸声时，妈妈拿起玩具飞机在宝宝眼前摇动，告诉宝宝："现在飞机呼呼飞过来了！"

step 3

妈妈继续播放录音，引导宝宝根据录音里的声音拿起相应的玩具。当宝宝正确地拿起相应的玩具时，妈妈要表扬宝宝做得很棒。

074 小鸭边叫边跑

适宜年龄： 1~2 岁。

游戏目的： 提升宝宝的模仿能力，增进亲子感情。

游戏场所： 光线充足、柔和的安静室内。

游戏道具： 小鸭子玩具。

游戏时间： 每次 6 分钟。

▼ 游戏步骤

step 1

妈妈和宝宝坐在一起，妈妈拿出一个小鸭子玩具，对宝宝说："我们一起来学小鸭子走路，好不好？"

step 2

妈妈学小鸭子走路，双手摆动往前走，并把小鸭子玩具放在旁边说："现在小鸭子叫宝宝和妈妈往前走咯。"

step 3

妈妈将手张开放在嘴边，学小鸭子叫一声，让宝宝跟着妈妈学小鸭子嘎嘎叫。

▼ 温馨提示

这个时期的宝宝喜欢和父母一起玩游戏，学小鸭子走路能给宝宝提升模仿能力提供一个机会，让宝宝在模仿的乐趣中学到东西。

▼ 还可以这样玩

妈妈可以和宝宝一起比赛学小鸭子走路，看谁走得最快。

075 宝宝和妈妈跳舞

适宜年龄： 1~2 岁。
游戏目的： 锻炼宝宝的肢体动作，刺激宝宝的情绪智力发展。
游戏场所： 环境整洁、舒适的客厅。
游戏道具： 一套音响设备。
游戏时间： 每次 5 分钟。

▼ 游戏步骤

step 1

妈妈让宝宝坐在干净的地上，然后放音乐。

step 2

妈妈保持微笑，握住宝宝的手臂，带动宝宝跟随音乐摆动身体。

step 3

妈妈左右扭动身子，带动宝宝跟着音乐扭动身体。当宝宝做得好时，妈妈要夸奖宝宝："真棒！宝宝跳得真好！"

▼ 温馨提示

宝宝跳舞会给宝宝带来快乐的心境，并培养宝宝自信 的性格。

▼ 还可以这样玩

可以带宝宝到家里的穿衣镜前跳舞，让宝宝看看自己和妈妈跳舞的样子。

076 宝藏探秘

适宜年龄： 1~2岁。

游戏目的： 增强宝宝的观察力和记忆力，培养宝宝的思考能力。

游戏场所： 宽敞、明亮、整洁的室内。

游戏道具： 宝宝的日常玩具。

游戏时间： 每次6分钟。

游戏评分

游戏完成度

★★★★★

宝宝活跃度

★★★★★

家长满意度

★★★★★

家长笔记

▼ 温馨提示

妈妈可以用俄罗斯套娃来玩这个游戏，培养宝宝的观察能力和探知能力。

▼ 还可以这样玩

妈妈可以用丝巾或者纱布包裹宝宝的玩具，让宝宝根据包裹的轮廓猜里面的物体。

▼ 游戏步骤

step 1

妈妈给宝宝讲宝藏的故事，准备一个玩具作为宝藏。

step 2

宝宝与妈妈一起埋宝藏，将玩具用日常容器一层层盖起来，放到家里的某一个角落。

step 3

几天后，妈妈问宝宝是否还记得宝藏在哪里，宝藏里有什么宝贝，然后和宝宝一起找到并打开宝藏。

077 为玩具找朋友

适宜年龄： 1~2 岁。

游戏目的： 让宝宝初步建立形状概念，感知图形特征。

游戏场所： 光线充足，让宝宝感到舒服的客厅里。

游戏道具： 四对（圆形、三角形、正方形、长方形）不同图形的彩色纸板。

游戏时间： 每次 4 分钟，可重复 3~5 次。

游戏步骤

step 1

妈妈拿出圆形、三角形、正方形、长方形的彩色纸板给宝宝看，并让宝宝依次抓握它们。在宝宝抓取的同时，妈妈告诉宝宝手中拿的是什么图形。

step 2

妈妈拿起一个三角形纸板，然后让宝宝从剩下的纸板中拿出一个三角形纸板。妈妈告诉宝宝："这两个玩具是朋友，它们都长得一样哦。"

step 3

妈妈再让宝宝拿起正方形的纸板，然后找出和它一样的纸板，找到后将它们放在一起。

温馨提示

游戏中要留意宝宝的情绪，如果宝宝因为找不到相应凹面的图形而着急时，妈妈可以帮助宝宝，告诉宝宝这是什么形状。

还可以这样玩

可以让宝宝将所有的纸板按圆形、三角形、正方形、长方形分类收集好。

078 百宝袋

适宜年龄： 1~2 岁。

游戏目的： 激发宝宝探索的兴趣，增加宝宝的口语词汇量。

游戏场所： 阳光柔和、安静的阳台或户外。

游戏道具： 大布口袋，玩具积木，苹果，小球。

游戏时间： 每次 5 分钟，可重复 3~5 次。

游戏步骤

step 1

妈妈将玩具积木、小球、苹果放进大布口袋。

step 2

妈妈把大布口袋拿到宝宝面前。妈妈拉开袋口，袋口不用开太大，让宝宝把手伸进去拿东西。

step 3

让宝宝把拿到的东西拿出来，妈妈问宝宝："宝宝，知道这是什么吗？"宝宝答对了，妈妈亲亲宝宝，宝宝不懂的，妈妈要教会他。

温馨提示

百宝袋里面至少要放一件宝宝没见过的东西，这样可以增加游戏的难度，激发宝宝的探索兴趣。

还可以这样玩

妈妈可以伸手到袋子中去触摸玩具并进行描述，让宝宝猜妈妈拿到的是什么。

079 小小建筑师

适宜年龄: 1~2 岁。

游戏目的: 锻炼宝宝的动手能力,扩展宝宝的思维,培养宝宝的想象力。

游戏场所: 光线充足、柔和的玩具房里。

游戏道具: 一套积木,糖果。

游戏时间: 每次 7 分钟,可重复 2~3 次。

游戏评分

游戏完成度
★ ★ ★ ★ ★

宝宝活跃度
★ ★ ★ ★ ★

家长满意度
★ ★ ★ ★ ★

家长笔记

▼ 温馨提示

不要让宝宝按照范本搭积木,要让宝宝自己去创作,发挥宝宝想象力。

▼ 还可以这样玩

妈妈和宝宝可以比赛看谁搭建的积木房子更高。

▼ 游戏步骤

step 1

妈妈拿出一套积木，然后告诉宝宝积木的
形状。

step 2

妈妈和宝宝一起搭建一个房子、一座桥、
一辆车。在宝宝熟悉这个玩法后，妈妈鼓
励宝宝自己搭建一些特别的形状。

step 3

在宝宝完成作品后，妈妈拿出一颗糖奖励
宝宝。

080 上下怎么分

适宜年龄： 1~2 岁。

游戏目的： 培养宝宝的空间方位辨别能力，让宝宝知道上与下。

游戏场所： 光线充足，让宝宝感到舒服的客厅里。

游戏道具： 玩具小熊，玩具小鸭子，小凳子。

游戏时间： 每次 3 分钟。

▼ 游戏步骤

step 1

妈妈和宝宝坐到桌子前，妈妈告诉宝宝哪里是桌子上面，哪里是桌子下面。

step 2

妈妈把一个玩具小熊放在桌子上面，一个玩具小鸭子放在桌子下面，然后问宝宝："桌子上面有什么？桌子下面有什么？"让宝宝确认自己理解的上下概念。

step 3

然后妈妈拿玩具小熊和玩具小鸭子放到宝宝面前，把小凳子放在前面，对宝宝说："小熊累了，请宝宝把小熊放在小凳子上面。"宝宝做对了，妈妈要夸奖宝宝。

▼ 温馨提示

宝宝很聪明，大人不断跟宝宝重复和"上、下"有关的词语，宝宝很快就会理解上下的概念，从而配合游戏。

▼ 还可以这样玩

可以把玩具小熊放在纸箱里面和外面，让宝宝了解内外的意义。

081 认真听出"跳跑蹲"

适宜年龄： 1~2 岁。
游戏目的： 培养宝宝的快速反应能力和听从口令的习惯。
游戏场所： 宽敞、明亮、整洁的室内。
游戏时间： 每次 6 分钟，可重复 3~5 次。

游戏步骤

step 1

妈妈先告诉宝宝游戏规则，在听到"跳"、"跑"、"蹲"这几个字的时候做出相应的动作。妈妈说一些以声母 t 开头的字："听，提起，挑剔，提神，踢球，跳。"当说到"跳"时，宝宝在原地跳一下。

step 2

妈妈说一些以声母 p 开头的字："朋友，盆子，平安，瓶子，跑。"当说到"跑"时，宝宝做出跑的动作。

温馨提示

家长在说词语的时候不要节奏太快，以免宝宝跟不上，游戏就不能继续。

还可以这样玩

妈妈可以说一句话，话里面夹有"跳""跑""蹲"等词，让宝宝在听妈妈说话的时候，在听见这些词的时候能迅速反应。

step 3

妈妈说一些以声母 d 开头的字："当当，担心，胆小，胆子，蹲。"当说到"蹲"时，宝宝在原地蹲下。

082 放大镜里的奇妙世界

适宜年龄： 1~2 岁。

游戏目的： 让宝宝对世界产生好奇心，开发宝宝的智力。

游戏场所： 阳光柔和、安静、宽敞的客厅或室外。

游戏道具： 童书，放大镜。

游戏时间： 每次 5 分钟。

游戏评分

游戏完成度
★★★★★

宝宝活跃度
★★★★★

家长满意度
★★★★★

家长笔记

温馨提示

宝宝对常见的和常玩的玩具会减少好奇心，反而会特别喜欢大人用的东西。不过让宝宝拿大人的东西玩时，要记得提醒宝宝事后把东西放回原处。

还可以这样玩

可以让宝宝拿着放大镜看镜子里的自己有什么变化。

▼ 游戏步骤

step 1

妈妈找来一本宝宝爱看的书让宝宝阅读。

step 2

妈妈再给宝宝一个放大镜，让宝宝对着童书看，这时妈妈可以在旁边说："看，放大镜好神奇，字变大了。"

step 3

让宝宝拿着放大镜看自己的手指，看妈妈的脸，看周围的事物。

083 谦让美德

适宜年龄： 1~2岁。

游戏目的： 培养宝宝谦让的美德，培养宝宝的社交能力。

游戏场所： 环境安静的室内、干净的地毯上。

游戏道具： 毛毯，人物头饰。

游戏时间： 每次5分钟，可重复2~3次。

▼ 游戏步骤

step 1
妈妈拿出一张毛毯，然后告诉宝宝这是一条小路，由妈妈带着宝宝在毛毯上走几次。

step 2
妈妈和宝宝各自都戴上头饰，从毛毯的两端往中间走，相遇后谁也不后退，最后大家都不能走过去。

step 3
妈妈引导宝宝侧身让道给妈妈先过去，这样两人都能走过毛毯。游戏结束后告诉宝宝，只有谦让才能达到双赢。

▼ 温馨提示

可以用平衡木代替毛毯来做这个游戏，效果会更好。

▼ 还可以这样玩

妈妈可以拿出一个瓶子，用两条绳子系上小球，妈妈和宝宝各拿一个，先将小球放入瓶子里，然后妈妈和宝宝将小球拉出来，最后妈妈通过游戏告诉宝宝瓶口只能够让一个球进出，要有谦让的精神。

084 餐巾纸真有趣

适宜年龄： 1~2岁。
游戏目的： 提高宝宝的想象力，增强宝宝的社交能力。
游戏场所： 光线充足、柔和的房间。
游戏道具： 餐巾纸，笔，小球。
游戏时间： 每次5分钟。

游戏步骤

step 1

妈妈拿出一张餐巾纸，将小球用餐巾纸包住，让宝宝伸手去摸。

step 2

妈妈把笔给宝宝，引导宝宝在纸上画一张脸。

step 3

把球当作一个玩偶，妈妈可以扮成玩偶的声音说："你好，你想吃点什么？""你叫什么名字？""我喜欢喝果汁，你呢？"

温馨提示

可以教宝宝画哭脸或者笑脸，让宝宝学会区分表情。

还可以这样玩

家长可以用布代替纸巾包住小球，然后用绳子将小球挂起来，让宝宝可以和小球玩偶玩耍。

O85 小积木大清理

适宜年龄： 1~2岁。

游戏目的： 提高宝宝解决问题的能力，让宝宝养成爱收纳、爱劳动的好习惯。

游戏场所： 光线充足、氛围欢快的室外或室内。

游戏道具： 篮子，积木。

游戏时间： 每次7分钟，可重复2~3次。

游戏评分

游戏完成度
★ ★ ★ ★ ★

宝宝活跃度
★ ★ ★ ★ ★

家长满意度
★ ★ ★ ★ ★

家长笔记

▼ 温馨提示

多鼓励宝宝玩这个游戏，可以提高宝宝的注意力。家长要注意避免宝宝被积木绊倒的情况发生。

▼ 还可以这样玩

可以给宝宝一个小篮子，让宝宝看到积木的时候就将其放入篮子里。

▼ 游戏步骤

step 1

在一个比较空旷的房间里摆放积木，每个积木之间都相隔一定的距离，在房间的一头放好篮子，让宝宝将积木捡起来放到篮子里去。

step 2

当宝宝完成一半捡拾工作时，妈妈可以告诉宝宝，提着篮子去捡积木会更省力。

step 3

当宝宝把所有的积木都装进篮子里时，妈妈要伸出大拇指夸奖宝宝，并让宝宝思考两种工作方式的不同之处。

086 宝宝切蛋糕

适宜年龄：1~2岁。

游戏目的：让宝宝明白整体与局部的关系，培养宝宝做一些力所能及的劳动。

游戏场所：宽敞、明亮、整洁的室内。

游戏道具：蛋糕，塑料餐刀。

游戏时间：每次3分钟。

▼ 游戏步骤

step 1

妈妈拿出蛋糕放在桌上，抱着宝宝，将塑料刀给宝宝拿着，妈妈可以握着宝宝的手教他将利口向下。

step 2

妈妈说："现在我们先来将蛋糕分成两份一样多的。"引导宝宝从蛋糕的中间线切下。

step 3

妈妈说："我们再来把蛋糕切成四份一样多的。"引导宝宝将蛋糕分成等量的四份。宝宝熟悉游戏后可让宝宝自己操作，让宝宝逐渐学会等分食物。

▼ 温馨提示

这个游戏一定要用塑料刀，避免锋利的刀伤到宝宝。刚开始游戏时，妈妈一定要协助宝宝完成，宝宝熟悉游戏后，可以让宝宝独自完成。

▼ 还可以这样玩

让宝宝将切好的蛋糕拿给家里人吃。

087 故事里的小火车

适宜年龄： 1~2 岁。

游戏目的： 锻炼宝宝的空间认识能力，培养宝宝的想象力。

游戏场所： 光线充足、柔和的安静室内。

游戏道具： 讲火车的童书，一些积木。

游戏时间： 每次 10 分钟。

▼ 游戏步骤

step 1

妈妈面对宝宝，拿出一本童书，给宝宝讲一个关于小火车的故事。

step 2

故事讲完后，妈妈拿出积木，告诉宝宝："故事里的小火车要来了！"妈妈将三四块积木排成一排，并告诉宝宝："最大的那一块就是火车头。"

step 3

积木火车拼好后，妈妈让宝宝将手放在火车尾，轻轻用力推动火车前进。妈妈可以在旁边模拟火车开动的声音。

▼ 温馨提示

宝宝熟悉这个游戏后，妈妈可以让宝宝自己用积木搭建一个小火车，这会让宝宝在游戏中表现得更积极。

▼ 还可以这样玩

可以在宝宝搭建好的小火车上放几个小人玩具或小动物玩具，让宝宝在推动积木小火车的时候感到更有趣。

088 积木不停倒

适宜年龄： 1~2岁。

游戏目的： 提高宝宝的观察能力，引导宝宝系统地思考。

游戏场所： 环境安静的室内，干净的地板上。

游戏道具： 硬皮图书，乒乓球。

游戏时间： 每次7分钟，可重复5~7次。

游戏评分

游戏完成度
★ ★ ★ ★ ★

宝宝活跃度
★ ★ ★ ★ ★

家长满意度
★ ★ ★ ★ ★

家长笔记

▼ 温馨提示

宝宝会非常喜欢这种带有逻辑趣味的游戏，妈妈可以让宝宝多玩，让宝宝参与到摆图书的步骤中。

▼ 还可以这样玩

可以用积木代替图书。当宝宝习惯直排积木后，妈妈可以将积木排成弯曲状，增加游戏的趣味性。

▼ 游戏步骤

step 1

妈妈将五本硬皮图书排成一排，然后示范给
宝宝看，只要推倒首尾其中一本图书，其他
图书就会接连倒下。

step 2

妈妈将所有的图书排成一排，在最后一本图
书处放置一个乒乓球，问宝宝："如果宝宝
推倒第一本图书，乒乓球会怎么样？"引导
宝宝思考。

step 3

让宝宝推倒第一本图书，所有图书接连
倒下后，乒乓球会被最后一本图书压倒
并滚出去。这时，妈妈可以跟宝宝简单
说明一下其中原理。

089 快乐拼图

适宜年龄： 1~2 岁。

游戏目的： 开发宝宝的智力，让宝宝理解整体与局部的关系。

游戏场所： 光线充足、柔和的安静室内。

游戏道具： 动物图片，剪刀，胶水。

游戏时间： 每次 3 分钟。

▼ 游戏步骤

step 1
妈妈坐在宝宝身边，拿出两张动物图片给宝宝看。

step 2
妈妈背对着宝宝，将两张图片各剪去一角。

step 3
妈妈将剪去的两块拿给宝宝，让宝宝将其正确地拼贴到动物身上。

▼ 温馨提示

拼图是宝宝必玩的一种游戏，这个时期的拼图可以简单一些，以让宝宝积累经验为主。

▼ 还可以这样玩

可以将图片剪成三四片，增加拼图的难度。

090 宝宝爱照相

适宜年龄： 1~2岁。
游戏目的： 培养宝宝的自我控制能力。
游戏场所： 阳光明媚的户外，环境优美的公园。
游戏道具： 照相机。
游戏时间： 每次3分钟，可重复3~5次。

游戏步骤

step 1

妈妈适时带宝宝到户外活动，并带上相机给宝宝拍摄照片。

step 2

妈妈和宝宝互换角色，宝宝拿相机当摄影师给妈妈拍照片，或者去拍宝宝感兴趣的东西。

step 3

妈妈和宝宝一起回放所拍摄的照片，看到拍得好的照片妈妈要表扬宝宝。

温馨提示

挑选一些宝宝的摄影作品洗成照片，在家里的一角挂出来，办一个小影展。

还可以这样玩

可以把宝宝的照片发到网上，把网友的一些对照片的正面评价告诉宝宝。

O91 小球藏在哪儿

适宜年龄： 1~2 岁。

游戏目的： 培养宝宝的视觉追踪能力、判断力和记忆力。

游戏场所： 光线充足、氛围欢快的室外或室内。

游戏道具： 纸杯，小球。

游戏时间： 每次 3 分钟，可重复 3~5 次。

游戏评分

游戏完成度
★★★★★

宝宝活跃度
★★★★★

家长满意度
★★★★★

家长笔记

温馨提示

此阶段的宝宝思维开始由简单慢慢过渡到复杂，喜欢探究事物的本质，他们往往会通过不断重复一个动作来找原因。

还可以这样玩

可以在其中一个杯子里藏两个小球，然后移动杯子后再让宝宝猜藏有两个小球的杯子在哪里。

▼游戏步骤

step 1

妈妈和宝宝相对而坐，妈妈把两个纸杯和一个小球拿出来。

step 2

妈妈说："小球要跟宝宝玩游戏了哦，宝宝准备好了吗？"然后将小球玩具放入其中一个纸杯里，妈妈再将两个纸杯移动两三次。

step 3

妈妈问宝宝："宝宝，小球藏到哪里了呢？"让宝宝选择其中一个纸杯打开来看，如果宝宝成功了，妈妈要夸奖宝宝。

宝宝爱看画册

当宝宝到了一定年龄的时候，爸爸妈妈可以买几本画册给宝宝，通过画册能促进宝宝的智力和情商的发育，提高宝宝的学习能力和创造力。

问：应该从什么时候开始念画册给宝宝听呢？
答： 宝宝3个月后可以逐渐亲近画册，8个月后，妈妈们就可以给宝宝念画册，让宝宝自己翻看画册。

问：宝宝只喜欢看简单的画册，应该怎样提高画册的难度？
答： 可先选择文字简单以及色彩比较单一的画册，然后选择文字较多、色彩较为丰富的画册逐渐过渡。

问：如果让宝宝先学习文字，会不会影响宝宝看画册？
答： 完全不用担心。如果希望通过画册培养宝宝的想象力，可以由爸爸妈妈念文字，宝宝看画册上的图画。

问：应该选择什么样的画册呢？
答： 一般情况下，要选择颜色鲜明、画面整洁、构图合理的画册，并且画册的印刷质量应较好，所选用的材质不能是带有异味、有毒性的不合格产品。

问：是否要反复地念一本书，直到宝宝完全理解书中的内容为止呢？
答： 念书给宝宝听的主要目的并不只是为了提供知识和资讯，宝宝在听故事的过程中，会不断地思考，会感受到各种情感。在这个时期，不用太在意宝宝是否理解书中的内容。如果宝宝无法理解书中的内容，就应该换更适合宝宝发育程度的书。

问：画册的内容该如何选择？
答： 可以先选择简单的生活常识类的内容，例如生活用品、食物、动物，等等。然后根据宝宝的喜好再进行选择，例如科学类、自然类，等等。

问：宝宝到了一定年龄还是只看图不看字怎么办？
答： 宝宝最开始一般都是对图案比较感兴趣，经过多次阅读后父母可以把图画遮起来，通过文字来对宝宝进行提问，利用引起疑问的方法来让宝宝重视文字和认知文字。

陪伴宝宝看画册，妈妈和宝宝都可能会产生单一枯燥的感觉，但是合理利用一些小妙招，就能很好地缓解乏闷的情绪，使妈妈和宝宝更好地欣赏画册。

1. 每天固定一个时间陪宝宝看画册

选择在一个固定时间，例如每天晚上睡觉前的一段时间陪宝宝看画册，让宝宝形成一种良好的习惯，每天能在固定的时间看画册。但是要注意每次看的时间不宜过长，否则宝宝会产生厌烦的心理，同时也要根据宝宝当天的身体状况来决定是否看画册。

2. 购买有光碟配送的画册

爸爸妈妈可以给宝宝购买配有光碟或是音频的画册，这样当宝宝感到烦躁的时候可以播放视频给宝宝观看或是让宝宝倾听，提高宝宝对画册的兴趣。同时也可以让宝宝对同一本画册有不同的欣赏和学习方式。

3. 家人轮流陪伴宝宝看画册

爸爸妈妈、爷爷奶奶或是家里的其他亲戚朋友可以轮流陪伴宝宝看画册，不同的家人阅读或是赏析的角度和方式不同，能够增加宝宝的学习兴趣，减少宝宝的枯燥感，也能帮助妈妈减轻负担。

4. 邀请小伙伴一同看画册

妈妈可以邀请宝宝的小伙伴一同来欣赏和学习画册，3 岁以上的宝宝们已经学会互相交流，这样做能增进宝宝们的友谊，同时增添看画册的乐趣，同时让宝宝学会分享和共同学习。

5. 开展画册游戏

当宝宝熟悉了画册的内容之后，妈妈可以陪伴宝宝一同来进行角色的扮演或是模拟游戏，让宝宝加深对画册内容的认知，同时增添学习画册的形式和乐趣。

Chapter 4

2~3 岁小游戏

　　2~3 岁的宝宝对图形、轻重、数字、文字等概念已经有了初步的理解，父母可以通过游戏加深宝宝对这些概念的理解，他们能在游戏中渐渐学会运用自己的身体及感官领会周围的世界，进而拓展自己的全方位能力和提高智商。同时这一时期也是教宝宝读书认字的好时期，家长在游戏中应该多让宝宝将汉字及其意义图像联系在一起，增强宝宝的学习兴趣，为宝宝以后的学习和智力发展打好基础。

092 夹菜大考验

适宜年龄： 2~3 岁。

游戏目的： 提高宝宝手指的灵活性，培养宝宝专心做事的能力。

游戏场所： 柔和、温暖、安静的房间里。

游戏道具： 碗，筷子，颜色不同的小积木。

游戏时间： 每次 6 分钟，可重复 3~4 次。

游戏步骤

step 1

妈妈事先将积木倒入碗中，然后拿到宝宝面前，示范如何用筷子把积木夹起来。

step 2

妈妈把筷子给宝宝，让宝宝学妈妈用筷子从碗里夹起积木。

step 3

妈妈和宝宝一起用手把夹出来的积木都放回到碗里。

温馨提示

选用的积木最好是塑料材质，木质积木可能会让宝宝在夹起的时候感到太重，失去耐心。

还可以这样玩

妈妈可以把一些玻璃球混入积木里，让宝宝将其夹出来。

093 拼出一个长颈鹿

适宜年龄： 2~3 岁。

游戏目的： 锻炼宝宝将零碎的部分组合成一个整体，提高宝宝认识复杂事物的能力。

游戏场所： 阳光柔和、安静、宽敞的客厅或室外。

游戏道具： 橙色卡纸，剪刀，长颈鹿毛绒玩具。

游戏时间： 每次 3 分钟。

step 1

用剪刀在卡纸上剪出长颈鹿的各个部分：椭圆形的身体和头，长长的脖子，四条腿，两个小耳朵，一条细长的尾巴。

step 2

妈妈把一个长颈鹿毛绒玩具给宝宝看，让宝宝仔细观察长颈鹿的样子。

step 3

妈妈将剪好的卡纸片弄乱，给宝宝，让宝宝将其粘成一只长颈鹿。

温馨提示

如果宝宝在粘长颈鹿的过程中漏掉某个部位，妈妈可以在旁提示，如："咦！长颈鹿没有尾巴哦。"

还可以这样玩

可以先不给宝宝看长颈鹿的图片，让宝宝根据剪出来的卡片自己组合。

094 快乐递送

适宜年龄： 2~3 岁。

游戏目的： 提高宝宝的听觉和反应能力。

游戏场所： 阳光柔和、安静的客厅。

游戏道具： 苹果，毛绒玩具，乒乓球。

游戏时间： 每次 5 分钟，可以重复 3~4 次。

游戏评分

游戏完成度
★ ★ ★ ★ ★

宝宝活跃度
★ ★ ★ ★ ★

家长满意度
★ ★ ★ ★ ★

家长笔记

温馨提示

挑选的物品尽量不要选择有棱角的，以免宝宝在递送的时候伤到小手。

还可以这样玩

可以由宝宝指出需要的东西，妈妈再拿给宝宝，妈妈可以故意拿错东西给宝宝，看看宝宝能否发现。

游戏步骤

step 1

妈妈和宝宝面对面而坐，妈妈把苹果、毛绒玩具和乒乓球放在宝宝身前。

step 2

妈妈对宝宝说："乒乓球。"让宝宝快速把乒乓球递给妈妈，直到宝宝前面的三样物品都递送给了妈妈。

step 3

如果宝宝正确地将所有物品递送给妈妈，妈妈可以拿一个苹果给宝宝吃，以示奖励。

095 宝宝赢字卡

适宜年龄： 2~3岁。

游戏目的： 锻炼宝宝文字与实物的关联能力。

游戏场所： 阳光柔和、安静、宽敞的客厅或室外。

游戏道具： 小羊、小马、小兔子这三样动物玩具，方块白纸，笔。

游戏时间： 每次5分钟。

游戏步骤

step 1

妈妈拿出小羊、小马、小兔子这三样玩具，然后用笔在方块白纸上写上该动物的名称。

step 2

妈妈拿起小马玩具和相应的字卡，教宝宝念"马"字。

step 3

宝宝熟知后，将动物玩具拿走，让宝宝只看字卡就能念出来，并且能将相对应的动物玩具找出来。宝宝念对后就给他一张字卡。

温馨提示

每次只可学认1~2个新字，学过的字每天都要重复1~2次，以免宝宝忘记。每天定时认字，坚持下去一定有好成绩。

还可以这样玩

也可以由妈妈说出某种动物的名称，让宝宝找出相应的动物玩具和字卡。

096 猜猜它在哪儿

适宜年龄： 2~3岁。
游戏目的： 培养宝宝的观察能力和记忆力。
游戏场所： 光线充足，让宝宝感到舒服的室内。
游戏道具： 动物卡片。
游戏时间： 每次6分钟，可重复3~5次。

游戏步骤

step 1

妈妈把准备好的动物卡片全部摆在地上，给宝宝2分钟时间，让宝宝观察并记住这些动物卡片的位置。

step 2

妈妈将卡片翻过来，然后说出一个动物的名称，让宝宝从卡片中翻出相对应的那一张。

step 3

妈妈和宝宝变换角色，由宝宝来说动物名称，妈妈来翻卡片。

温馨提示

家长在猜动物时，可以故意猜错，让宝宝来纠正。

还可以这样玩

让宝宝作口头作文，以翻开的动物为题说一段话，锻炼宝宝口头表达能力。

097 卡片题

适宜年龄： 2~3岁。

游戏目的： 培养宝宝的算术能力，锻炼宝宝思维的敏捷性。

游戏场所： 宽敞、明亮、整洁的室内。

游戏道具： 双色卡片纸和笔。

游戏时间： 每次7分钟。

游戏评分

游戏完成度
★★★★☆

宝宝活跃度
★★★★☆

家长满意度
★★★★☆

家长笔记

温馨提示

游戏中，妈妈可以故意答错几个，让宝宝保持游戏的兴趣。这个游戏可以随着宝宝的算术能力的提高而增加题目的难度。

还可以这样玩

可以让妈妈抽卡片纸回答算术问题，宝宝做裁判判断其是否正确，妈妈可以故意回答错误，检验宝宝的判断能力。

游戏步骤

step 1

妈妈用笔在蓝色卡片纸上写上 10 以内的算术题目，然后在红色卡片纸上写上算术题目的答案。

step 2

妈妈抽出其中一张蓝色卡片纸，念出算术题目，宝宝从红色卡片中找出相应答案。

step 3

还可以让宝宝抽取红色卡片，并按上面的数字去寻找有对应等式的蓝色卡片。

098 扣子游戏

适宜年龄： 2~3 岁。

游戏目的： 让宝宝早日学会自己穿衣，提高宝宝的自理能力。

游戏场所： 光线充足、柔和的安静室内。

游戏道具： 2 件带扣子的衣服。

游戏时间： 每次 6 分钟，可重复 2~3 次。

游戏步骤

step 1

给宝宝准备一件带扣子的衣服，让宝宝将扣子一个个都扣上。

step 2

当宝宝扣上衣服所有的扣子后，妈妈再让宝宝把扣子一个个解开。

step 3

当宝宝熟悉系扣子和解扣子的动作后，妈妈拿一件衣服和宝宝两人比赛，看谁能最先将扣子系好然后再解开。

温馨提示

两岁半的宝宝容易学会解扣、系扣，尤其是学会解系胸前的扣子。在比赛中，妈妈可以故意出错，让宝宝能赢，增强自信心。

还可以这样玩

可以邀请一个跟宝宝年纪相仿的小朋友，两个同龄孩子玩会更有趣。

099 快乐分图形

适宜年龄： 2~3 岁。
游戏目的： 锻炼宝宝的形象思维能力，培养宝宝的观察力和探索能力。
游戏场所： 环境安静的室内，干净的地毯上。
游戏道具： 三角形、菱形、梯形的彩色纸片，剪刀。
游戏时间： 每次 5 分钟。

游戏步骤

step 1

妈妈拿出两个三角形、一个菱形、一个梯形的彩色纸片，让宝宝仔细观察。

step 2

妈妈将其中一个三角形剪成三个小三角形，让宝宝将另一个三角形像妈妈一样剪成三个小三角形。

step 3

妈妈让宝宝思考并动手将菱形和梯形剪成三个小菱形和梯形。

温馨提示

家长可以多准备一些图形纸片，给宝宝反复实践的机会，但一定要让宝宝自己动脑。

还可以这样玩

可以让宝宝用几个形状大小一样的图形拼凑成一个不同的图形。

100 水瓶不会倒

适宜年龄： 2~3 岁。

游戏目的： 提高宝宝对科学的探索兴趣，增强宝宝的观察力。

游戏场所： 光线充足、柔和的安静室内。

游戏道具： 水瓶，纸，小凳子。

游戏时间： 每次 5 分钟。

游戏评分

游戏完成度

★★★★★

宝宝活跃度

★★★★★

家长满意度

★★★★★

家长笔记

温馨提示

玩游戏前，妈妈可以先慢慢拉垫在瓶子下的白纸，瓶子会倒下，以此与后面的游戏效果形成对比。

还可以这样玩

妈妈可以鼓励宝宝以各种速度抽出白纸，让宝宝掌握各种速度带来的不同结果。

游戏步骤

step 1

妈妈将一瓶水放在白纸上，然后双手拿着白纸，对宝宝说："如果妈妈用力扯白纸，水瓶会倒吗？"

step 2

妈妈把白纸放在水瓶下，然后用力一扯白纸，但水瓶并没有倒。

step 3

妈妈把白纸给宝宝，让宝宝将白纸放在水瓶下用力扯，但是水瓶并没有倒。妈妈可以跟宝宝讲解其中的惯性原理。

101 蜡烛为什么会灭

适宜年龄： 2~3 岁。

游戏目的： 锻炼宝宝的观察力和思考力，开发宝宝的智力。

游戏场所： 宽敞、明亮、整洁的室内。

游戏道具： 浅盘，玻璃杯，蜡烛。

游戏时间： 每次 5 分钟。

游戏评分

游戏完成度
★ ★ ★ ★ ★

宝宝活跃度
★ ★ ★ ★ ★

家长满意度
★ ★ ★ ★ ★

家长笔记

温馨提示

当杯子罩住蜡烛后，蜡烛会用尽里面的氧气直至熄灭。

还可以这样玩

可以在浅盘里注入水，当玻璃杯里的蜡烛熄灭后，浅盘上的水会被吸入瓶中。

游戏步骤

step 1

妈妈和宝宝坐在一起,妈妈拿出一个浅盘,
将蜡烛固定在浅盘中间。

step 2

然后妈妈点燃蜡烛。这时妈妈拿出玻璃杯
问宝宝:"我们用这个玻璃杯罩住蜡烛,
会发生什么事呢?"

step 3

妈妈用玻璃杯罩住蜡烛,过了一会儿后蜡
烛就会熄灭。游戏过后,妈妈可以跟宝宝
解释其中原理。

102 反话国的人

适宜年龄： 2~3 岁。

游戏目的： 锻炼宝宝的反向思维能力和判断力，培养宝宝听从指令的良好习惯。

游戏场所： 安静、宽敞的客厅或室外。

游戏时间： 每次 5 分钟，可重复 2~3 次。

游戏步骤

step 1

妈妈和宝宝坐在一起，妈妈先告诉宝宝游戏规则："我们都是生活在反话国里的人，听到口令后就要做出相反的动作。"

step 2

妈妈喊口令："宝宝蹲下去。"宝宝听到口令后站起来。

step 3

妈妈喊口令："宝宝举起右手。"宝宝听到口令后举起左手。

温馨提示

刚开始，宝宝可能会做错比较多的动作，这时妈妈要多鼓励宝宝。

还可以这样玩

家里其他成员可以一起参加。大家先围成一个圈，然后第一个人说一个动作给第二个人，第二个人做相反动作，然后第二个人再说一个动作给下一个人，下一个人做相反动作……直到有人出错。

103 易拉罐会散步

适宜年龄： 2~3岁。
游戏目的： 锻炼宝宝的观察力，培养宝宝对科学的探索兴趣。
游戏场所： 光线充足、柔和的安静室内。
游戏道具： 空易拉罐，气球，纸巾。
游戏时间： 每次7分钟，可重复2~3次。

游戏步骤

step 1

妈妈先把空易拉罐平放在地上，然后将气球吹大。

step 2

妈妈把气球绑紧，然后用纸巾反复摩擦气球表面。

step 3

让宝宝拿着气球慢慢靠近易拉罐。此时，易拉罐就会追着气球滚动。妈妈在旁边说："宝宝看呀，易拉罐会自己散步哦。"游戏结束后，妈妈可以给宝宝解释一下其中的原理。

温馨提示

气球用纸巾摩擦后，会带上大量的负电荷。由于易拉罐是金属制成，当带有大量负电荷的气球靠近易拉罐时，就会出现静电感应现象。

还可以这样玩

还可以用塑料垫、塑料袋代替气球，只要用纸巾摩擦之后，就可以做这个游戏。

104 爱打招呼的好孩子

适宜年龄：2~3岁。

游戏目的：锻炼宝宝判别和正确称呼陌生人的能力。

游戏场所：光线充足，让宝宝感到舒服的沙发上。

游戏道具：叔叔、阿姨、爷爷、奶奶的照片各一张。

游戏时间：每次10分钟。

游戏评分

游戏完成度

★ ★ ★ ★ ★

宝宝活跃度

★ ★ ★ ★ ★

家长满意度

★ ★ ★ ★ ★

家长笔记

温馨提示

妈妈教宝宝学习称呼客人时，一定要有耐心，特别是刚开始的时候，要多鼓励宝宝去跟客人打招呼。

还可以这样玩

当宝宝逐渐熟悉之后可以加入相似性较大的同类照片让宝宝学习。

游戏步骤

step 1

妈妈坐在宝宝对面，从背后拿出叔叔、阿姨、爷爷和奶奶的照片，并告诉宝宝他们该怎么称呼。

step 2

妈妈对宝宝说："如果他们来我们家做客，好孩子一定要先跟客人打招呼。"妈妈拿着照片走到一旁，做出客人敲门拜访的样子。

step 3

妈妈拿出其中一张照片对宝宝说："这个客人来宝宝家做客，宝宝该怎么称呼呢？"教会宝宝正确的打招呼方式。

105 小手变变变

适宜年龄： 2~3岁。

游戏目的： 锻炼宝宝手指的灵活性，训练宝宝的思维反应能力。

游戏场所： 光线充足、柔和的安静室内。

游戏时间： 每次4分钟，可重复5~6次。

游戏步骤

step 1

游戏开始前，妈妈和宝宝先把手藏在身体后面。

step 2

妈妈对宝宝说："宝宝等下伸出的手指数一定要比妈妈大哦。"妈妈开始喊口令："小手小手藏起来，小手小手变变变。妈妈的是7，宝宝变变变。"当喊完口令，两人同时伸出双手。

step 3

如果宝宝伸出的手指数大于7或者妈妈伸出的手指数不是7，都表示宝宝赢了，妈妈要亲亲宝宝，称赞宝宝真聪明。

温馨提示

游戏故意设置了一个漏洞，如果宝宝发现了，每次都出10个手指，说明宝宝非常聪明，值得表扬。

还可以这样玩

如果宝宝每次都出10个手指，妈妈则可以把游戏改成这样：宝宝出的手指数必须比妈妈喊的数字多2。以此增强宝宝的心算能力。

106 小马跳跳

适宜年龄： 2~3 岁。
游戏目的： 培养宝宝对距离的认知以及对精细动作的控制力。
游戏场所： 宽敞、明亮、整洁的室内。
游戏道具： 10 根筷子，凳子。
游戏时间： 每次 3 分钟，可重复 3~5 次。

游戏步骤

step 1

妈妈将九根筷子平放在长凳子上，每根间隔 5 厘米。

step 2

妈妈拿着最后一根筷子，让筷子像小马一样噔噔地跳过九根筷子间的空隙，最后让宝宝说出妈妈碰到了几根筷子。

step 3

宝宝拿筷子，在长凳子上做小马跳跳，最后由妈妈告诉宝宝碰到了几根筷子。

温馨提示

游戏前，家长要提醒宝宝看清筷子与筷子之间的距离，可根据宝宝的情况适当地调整筷子间的距离。

还可以这样玩

宝宝熟练游戏后，可以闭着眼睛玩这个游戏。

107 水的声音

适宜年龄： 2~3岁。

游戏目的： 让宝宝了解数量概念和因果关系，提高宝宝的注意力。

游戏场所： 柔和、温暖、安静的房间里。

游戏道具： 玻璃杯，汤勺。

游戏时间： 每次6分钟。

游戏评分

游戏完成度
★★★★★

宝宝活跃度
★★★★★

家长满意度
★★★★★

家长笔记

温馨提示

宝宝要在妈妈的监护下玩这个游戏，妈妈要引导宝宝轻轻敲击掌握力度，以免造成破损。

还可以这样玩

当宝宝熟悉这个游戏后，妈妈可以用毛巾或丝巾遮住宝宝的眼睛，让宝宝通过敲击的声音猜哪个杯子里装的水更多。

游戏步骤

step 1

妈妈先向准备好的杯子倒入不等量的水。

step 2

妈妈把汤勺给宝宝，让宝宝去敲打杯子，听听各个杯子里发出的声音。

step 3

让宝宝指出哪个杯子的声音大，哪个杯子的声音小。

108 左手右手听口令

适宜年龄： 2~3 岁。

游戏目的： 锻炼宝宝的快速反应能力和服从口令的习惯。

游戏场所： 光线充足、柔和的安静室内。

游戏时间： 每次 7 分钟，可重复 3~4 次。

游戏评分

游戏完成度
★★★★★

宝宝活跃度
★★★★★

家长满意度
★★★★★

家长笔记

温馨提示

妈妈喊的口令要有一定节奏，可以越来越快，也可以越来越慢，增加游戏的趣味性。

还可以这样玩

妈妈可以在宝宝的两个手腕上系上两个发声不同的小玩具，让宝宝分辨出举起不同的手发出的声音，增加游戏的趣味性。

游戏步骤

step 1

妈妈和宝宝面对面而坐，妈妈对宝宝说："当妈妈喊左手时，宝宝举起左手，当妈妈喊右手时，宝宝举起右手。"

step 2

妈妈开始喊口令："准备开始，左手、右手、左手、左手、右手……"让宝宝根据妈妈的口令举起左右手。

step 3

游戏结束后，妈妈亲亲宝宝的小手，告诉宝宝刚才做得很棒。

109 不会湿的手帕

适宜年龄： 2~3 岁。

游戏目的： 提高宝宝的想象力和思考能力。

游戏场所： 光线充足、柔和的安静室内。

游戏道具： 干手帕，水盆，杯子。

游戏时间： 每次 5 分钟。

游戏步骤

step 1

妈妈先在盆里放入半盆水，然后把手帕揉成团放入杯子底部。

step 2

妈妈把杯子口朝下放入盆中。

step 3

过了 2 分钟后，妈妈把杯子拿出来，让宝宝把杯底的手帕拿出来，并感受到手帕竟然还是干的。

温馨提示

家长可以简单解释其原理给宝宝知道，杯子里除了手帕外，还充满了空气，当杯子垂直插入水中，由于杯子里空气压力的存在，会阻止水进入杯中，手帕也就不会湿。

还可以这样玩

妈妈将水杯倒满，然后用纸盖住杯口，手按纸片快速将杯子反转后，水不会洒出，纸片牢牢地吸附在杯口上。

110 宝宝贴笑脸

适宜年龄： 2~3 岁。
游戏目的： 丰富宝宝的想象力，提高宝宝的情绪智商。
游戏场所： 光线充足、柔和的房间。
游戏道具： 大苹果，卡纸，透明胶，画笔，剪刀，一些脸部表情图片。
游戏时间： 每次 5 分钟。

游戏步骤

step 1

妈妈先拿出一些脸部表情图片，然后告诉宝宝图片上的表情是什么，图片上的人为什么会是这副表情。

step 2

然后妈妈做个夸张的笑脸，问宝宝："妈妈这个是什么表情？妈妈为什么笑呢？"宝宝答不出原因时，妈妈可以说："妈妈笑是因为妈妈跟宝宝在一起很开心。"

温馨提示

家长可以简单地告诉宝宝人们遇到什么样的情况会笑、会哭、会生气等，让宝宝更好地理解表情。

step 3

妈妈拿出一个大苹果，用卡纸剪出一对眼睛、一张微笑的嘴巴和一张生气的嘴巴。妈妈先将眼睛贴在苹果上，然后让宝宝选择不同的嘴巴贴在苹果上。

还可以这样玩

可以由宝宝做出一些搞怪的表情，妈妈在纸上画出宝宝刚刚做的表情。

111 彩色保龄球

适宜年龄： 2~3岁。

游戏目的： 增强宝宝的手眼协调能力，促进宝宝智力的开发。

游戏场所： 光线充足、柔和的安静室内。

游戏道具： 塑料瓶子，彩色纸条，皮球。

游戏时间： 每次5分钟，可重复5~6次。

游戏评分

游戏完成度
★ ★ ★ ★ ★

宝宝活跃度
★ ★ ★ ★ ★

家长满意度
★ ★ ★ ★ ★

家长笔记

▼ 温馨提示

写在纸条上的数字要在0~10之间，如果宝宝还不能说出上面的数字，妈妈可以说给宝宝听，宝宝玩过几次游戏后，就会认得上面的数字。

▼ 还可以这样玩

也可以在纸条上写上英文字母或者简单汉字。

游戏步骤

step 1

将彩纸剪成三张纸条，在每张纸条上写上一个数字，然后将纸条放入瓶子里。最后把三个瓶子排成一排，瓶子间间隔 5 厘米。

step 2

妈妈给宝宝一个皮球，教宝宝滚动皮球撞到瓶子。

step 3

妈妈将宝宝撞到的瓶子拿给宝宝，让宝宝打开瓶子，拿出里面的彩色纸条，让宝宝说出纸条上的数字。

112 寻找家乡

适宜年龄: 2~3岁。

游戏目的: 增加宝宝的词汇量,让宝宝有空间概念。

游戏场所: 柔和、温暖、安静的房间里。

游戏道具: 地图,铅笔,纸飞机。

游戏时间: 每次5分钟。

游戏评分

游戏完成度

★ ★ ★ ★ ★

宝宝活跃度

★ ★ ★ ★ ★

家长满意度

★ ★ ★ ★ ★

家长笔记

温馨提示

地球仪可以让宝宝更立体地了解世界。

还可以这样玩

可以将妈妈或爸爸带宝宝去过的城市都在地图上标出来。

游戏步骤

step 1

妈妈拿出一张地图，然后用铅笔圈出自家所处城市的位置，并告诉宝宝："我们现在就在这里。"

step 2

妈妈指出某个亲戚所在的城市，然后问宝宝这是哪个亲人的家，宝宝答对后，妈妈再用铅笔圈出来。

step 3

妈妈在地图上自己家的位置上放一个纸飞机，然后告诉宝宝从自己家到亲戚家坐飞机需要几个小时。

113 小字母找大字母

适宜年龄： 2~3 岁。

游戏目的： 让宝宝认识大小写字母，促进宝宝智力的发育。

游戏场所： 光线充足、柔和的安静室内。

游戏道具： 一套大小写字母，小盒子。

游戏时间： 每次 10 分钟。

游戏步骤

step 1

妈妈将小写字母放到宝宝身边，妈妈身边放着大写字母。

step 2

妈妈扮演"字母妈妈"，拿一个大写字母，并呼喊相应的小写字母。如"回家了，小 a"。

step 3

宝宝拿起相应的小写字母给妈妈，妈妈再将小写字母放进小盒子里。直到宝宝前面的小写字母全都被放进了小盒子里。

温馨提示

如果宝宝总是不能挑选正确的字母，大人可以用眼神示意。一套大小写的字母数量不宜过多，5~7 个就可以了。

还可以这样玩

可以把大小写字母的卡片混在一起，让宝宝将大小写卡片分类放成两堆。

114 小豆子进小孔

适宜年龄： 2~3 岁。
游戏目的： 提高宝宝的思考能力。
游戏场所： 阳光柔和、安静、宽敞的室内或室外。
游戏道具： 矿泉水瓶，小口瓶，剪刀，小杯子，黄豆。
游戏时间： 每次 3 分钟。

游戏步骤

step 1

妈妈指着小口瓶子问宝宝："我们怎么样才能把黄豆快速倒入小口瓶呢？"

step 2

妈妈将矿泉水瓶的顶部剪下，当做漏斗插入小口瓶口处，然后将杯子里的黄豆通过漏斗倒入瓶子中。

step 3

妈妈把装有黄豆的小杯子拿给宝宝，让宝宝将黄豆通过漏斗倒入小口瓶中。

温馨提示

在倒黄豆的时候速度要慢一些，以免黄豆堵住漏斗口。

还可以这样玩

可以用沙子、水、米等东西代替黄豆。

115 欢乐交响曲

适宜年龄： 2~3 岁。

游戏目的： 培养宝宝的想象力，开发宝宝的情绪智商。

游戏场所： 光线充足，让宝宝感到舒服的客厅里。

游戏道具： 米粒，空瓶子，音响设备。

游戏时间： 每次 5 分钟，可重复 3~6 次。

游戏评分

游戏完成度
★★★★★

宝宝活跃度
★★★★★

家长满意度
★★★★★

家长笔记

温馨提示

一定要把塑料瓶的盖子拧好，以免宝宝在摇动瓶子的时候把里面的物体撒出。

还可以这样玩

找一些交响乐演奏的视频，播放有沙锤演奏的部分让宝宝形象地认识这种乐器。

游戏步骤

step 1

让宝宝用手将米粒慢慢放入空瓶子里，并拧好盖子。

step 2

妈妈引导宝宝有节奏地摇动瓶子，并在一旁打拍子，让宝宝跟着做。

step 3

妈妈用音响设备播放节奏强烈的节庆音乐，让宝宝一边唱一边用瓶子打拍子，增加宝宝的节奏感。

116 宝宝来打扮

适宜年龄： 2~3岁。
游戏目的： 培养宝宝的性别意识，培养宝宝的思考能力。
游戏场所： 光线充足、柔和，安静的室内。
游戏道具： 男孩子、女孩子的图片各一张，男孩子女孩子的服装若干。
游戏时间： 每次5分钟。

游戏评分

游戏完成度

宝宝活跃度

家长满意度

家长笔记

....
....
....
....
....

▼ 温馨提示

认识性别能让宝宝更好地了解自己，宝宝给图片上的小朋友打扮可以锻炼宝宝的思考能力。

▼ 还可以这样玩

妈妈可以让宝宝区分男孩子与女孩子不同的用品，例如鞋子、帽子、发卡等。也可以用成年人的照片让宝宝区分男性与女性。

▼ 游戏步骤

step 1

妈妈和宝宝坐在一起，妈妈拿起男孩子和女孩子的照片，并拿起各种衣服。

step 2

妈妈拿起一张男孩子照片，让宝宝给男孩子选择衣服，最后再给女孩子选择衣服。宝宝选择完衣服后，妈妈问宝宝："男孩子和女孩子穿的衣服有什么不一样？"

step 3

妈妈问宝宝："如果你要换一件衣服，你会选哪一件？"让宝宝选择符合自己性别的衣服。

117 宝宝猜猜猜

适宜年龄： 2~3 岁。

游戏目的： 锻炼宝宝的语言技能和解决问题的能力。

游戏场所： 阳光柔和、安静、宽敞的客厅或室外。

游戏道具： 动物图片。

游戏时间： 每次 6 分钟。

游戏步骤

step 1

妈妈拿出几张动物图片，然后告诉宝宝上面的动物都是什么，有什么特征。

step 2

妈妈将图片倒置在地上，然后随意拿起一张图片举到头上，由宝宝来描述图片上的动物，让妈妈来猜。

step 3

角色互换，由宝宝随意举起一张动物图片，让妈妈来描述图片上的动物，宝宝猜图片上的动物是什么。

温馨提示

家长可以先用宝宝熟悉的动物图片，然后再用宝宝不常见的动物图片进行游戏。

还可以这样玩

妈妈和宝宝可以比赛在规定时间内谁猜对的图片数量多。

⑪⑧ 温馨明信片

适宜年龄： 2~3 岁。

游戏目的： 发展宝宝的语言能力，提高宝宝的社交能力。

游戏场所： 光线充足、氛围欢快的室内。

游戏道具： 明信片，笔。

游戏时间： 每次 7 分钟。

游戏步骤

step 1

妈妈拿出一张漂亮的明信片给宝宝，然后告诉宝宝明信片的用途。

step 2

妈妈问宝宝："宝宝想在明信片上写什么话给妈妈呢？"最后由妈妈帮助宝宝在明信片上写下宝宝要说的话。

step 3

最后妈妈把明信片给宝宝，让宝宝学会自己将明信片送到妈妈面前。

温馨提示

如果宝宝想不出要说什么话，家长可以让宝宝在贺卡上画画，通过画画表达自己的意思。

还可以这样玩

家长可以鼓励宝宝在明信片上写上自己的心里话，最后放在信封里送给想要赠予的对象。

119 心有灵犀一点通

适宜年龄： 2~3岁。

游戏目的： 开发宝宝的情绪智商，增进亲子感情。

游戏场所： 光线充足、柔和的安静室内。

游戏道具： 纸，笔。

游戏时间： 每次5分钟，可重复3~5次。

游戏评分

游戏完成度
★★★★★

宝宝活跃度
★★★★★

家长满意度
★★★★★

家长笔记

温馨提示

妈妈问宝宝的问题可以是：妈妈最喜欢宝宝做什么？妈妈和宝宝最喜欢去的地方是哪里？当宝宝大些能写字时，宝宝和妈妈可以互换角色。

还可以这样玩

家里的其他成员可以参与进来，可以就一个问题，大家写出各自的答案。

游戏步骤

step 1

妈妈和宝宝面对面坐在一起，妈妈问宝宝："宝宝，妈妈最爱的人是谁？"

step 2

妈妈转过身背对宝宝，在纸上写上宝宝的名字。

step 3

妈妈转身回来，问宝宝："宝宝知道答案了吗？"让宝宝说出答案，最后妈妈拿出白纸，看看宝宝说的跟妈妈心中的答案是否一致。

120 我爱我的家人

适宜年龄： 2~3 岁。

游戏目的： 加深宝宝对家人的了解，增进亲子感情。

游戏场所： 光线充足的室内。

游戏道具： 全家福，纸，笔。

游戏时间： 每次 5 分钟。

游戏评分

游戏完成度
★★★★☆

宝宝活跃度
★★★★☆

家长满意度
★★★★☆

家长笔记

温馨提示

妈妈平时可以和宝宝聊聊有关家人的事情以及他们各自的性格、特点等，引导宝宝画一画、说一说，有助于加深宝宝与家人的亲情。

还可以这样玩

妈妈可以拿出同一家庭成员的不同照片来让宝宝描画，并一同归纳该家庭成员的特点。

游戏步骤

step 1

妈妈把一张全家福给宝宝看，让宝宝指出里面都有谁。

step 2

妈妈在白纸上按照片画出一些家人的大体轮廓，引导宝宝根据照片上个人的特点分别画出爸爸、妈妈和其他家庭成员。妈妈可以在一旁辅助宝宝。

step 3

宝宝画完后，妈妈夸奖宝宝，鼓励宝宝把画拿给爸爸、爷爷和奶奶等家人欣赏。

121 放回原位

适宜年龄： 2~3 岁。

游戏目的： 锻炼宝宝的记忆能力。

游戏场所： 光线充足、氛围欢快的室外或室内。

游戏道具： 篮子，塑料盒子，花生，毛绒玩具。

游戏时间： 每次 5 分钟。

游戏步骤

step 1

妈妈先将动物玩具放到篮子里，将花生放在塑料盒子里，然后告诉宝宝动物玩具和花生分别放置的位置。

step 2

妈妈将篮子里的玩具和塑料盒子里的花生倒出来，混在一起。

step 3

妈妈让宝宝将地上的玩具放在篮子里，将花生放在塑料盒子里。

温馨提示

妈妈要注意不要让宝宝将带壳的花生放进嘴里。

还可以这样玩

也可以让宝宝将不同的物品分门别类地放到柜子里。

122 纸杯电话真有趣

适宜年龄：2~3 岁。
游戏目的：训练宝宝的听力和表达能力，强化宝宝的注意力。
游戏场所：阳光柔和、安静、宽敞的客厅或室外。
游戏道具：两个纸杯，一条长线。
游戏时间：每次 5 分钟，可重复 5~6 次。

游戏步骤

step 1

妈妈和宝宝坐在一起，妈妈拿起男孩子和女孩子的照片，并拿起各种衣服。

step 2

妈妈拿起一张男孩子照片，让宝宝给男孩子选择衣服，最后再给女孩子选择衣服。宝宝选择完衣服后，妈妈问宝宝："男孩子和女孩子穿的衣服有什么不一样？"

温馨提示

可以给宝宝讲声音可以通过介质传播的原理。

step 3

妈妈问宝宝："如果你要换一件衣服，你会选哪一件？"让宝宝选择符合自己性别的衣服。

还可以这样玩

当宝宝熟悉这个游戏后，可以让宝宝来模仿动物的声音，妈妈则猜测宝宝模仿的是什么动物。

123 快来比比脚大小

适宜年龄： 2~3 岁。

游戏目的： 锻炼宝宝解决问题的能力，加深宝宝对大小概念的理解。

游戏场所： 光线充足、柔和的安静室内。

游戏道具： 硬纸板，剪刀，笔。

游戏时间： 每次 5 分钟。

游戏评分

游戏完成度
★★★★★

宝宝活跃度
★★★★★

家长满意度
★★★★★

家长笔记

温馨提示

宝宝喜欢新奇的游戏，更喜欢和大人一起玩。大人尽量配合宝宝，不一定要强加知识让宝宝学习。

还可以这样玩

也可以比一比妈妈和宝宝的手掌大小。

游戏步骤

step 1

将妈妈的脚和宝宝的脚放在一起，让宝宝看看妈妈的脚比自己的大多少。

step 2

将妈妈的脚和宝宝的脚放在纸板上，然后用笔描下轮廓，剪出来。

step 3

宝宝熟知后，将动将两块脚纸板混在一起，让宝宝指出哪一个是自己的，哪一个是妈妈的。

宝宝的第六感

所谓的第六感是指"好像要发生什么事情"的感觉。第六感是培养直观力（理解事物本质的能力）和创造不可或缺的感觉。那么你家的宝宝的第六感有多强呢？

宝宝的特征

○ 眼神情感丰富。

○ 多愁善感。

○ 学说话较慢。

○ 具有音乐天赋、学会说话之前先学会唱歌。

○ 偶尔被诊断为自闭症或语言迟缓症。

○ 性格温顺，而且非常可爱。

○ 对别人很热情。

○ 神经比较敏感，而且富有同情心。

○ 喜欢亲近大自然，喜欢和动物玩耍。

○ 对水晶和宝石非常感兴趣。

○ 具有很高的艺术性和创造性。

○ 喜欢蔬菜和果汁。

○ 具有不怕危险的探索精神。

○ 无缘无故地讨厌某些事情。

○ 在处理不需要创造力的事情面前容易感到挫折。

○ 经常问："我是谁呀？"

○ 常喜欢独处，安静地做某件事情。

○ 说出自己的想法和要求时从来都不害羞。

○ 偶尔会垂头丧气，甚至发脾气。

○ 聪明又有活力，而且具有运动才能。

○ 经常讲古怪的梦和故事。

○ 喜欢自信地表现自己的优点。

○能理解和同情他人。

○对新的食物非常感兴趣。

○喜欢用具有创造力的方式学习。

○懂得独自寻找自己想要的东西。

○具有出色的艺术天赋。

○具有敏感而丰富的想象力。

○尊重和爱护自己。

选择 0~10 个的情况：
虽然第六感的发育较差，但只要让宝宝经常亲近自然，或给予创造性的刺激，就能充分地培养第六感。

选择 11~20 个的情况：
第六感比较发达。

选择 21~30 个的情况：
第六感非常发达。由于宝宝非常敏感，所以很容易被大人视为行为古怪而荒唐的孩子。父母应该理解孩子的心情，多聆听孩子的心声。

小贴士： 不管测试的结果如何，妈妈们都要对宝宝接下来的发展做更好的辅助和计划，帮助宝宝培养第六感，促进宝宝身心健康地发展。

1. 常常带宝宝亲近大自然。

2. 常常带宝宝和小伙伴们聚会、玩乐。

3. 带宝宝参加一些适合儿童观赏的艺术展览会。

4. 让宝宝又机会和比较不熟悉的亲人朋友独处。

5. 主动关心宝宝的想法，耐心询问。

6. 尊重和支持宝宝的可实行的独特想法。

7. 支持宝宝的兴趣爱好。

8. 常常给宝宝听不同类型的音乐。

9. 有关家庭的一些小事可以试着询问宝宝的建议。

10. 跟宝宝分享自己的心情和故事。

专题课堂 宝宝喜欢的颜色

颜色对于一个宝宝的成长十分重要，妈妈们可以通过改变环境的颜色来改善宝宝的性格。妈妈们知道你家宝宝喜欢的是什么颜色吗？让宝宝来选一下他们喜欢的颜色吧。

黄色	红色	绿色
紫色	黑色	白色
粉色	橙色	蓝色
褐色	青绿色	其他色